城乡建设领域碳达峰碳中和
典型案例集

住房和城乡建设部科技与产业化发展中心 编著

中国建筑工业出版社

图书在版编目（CIP）数据

城乡建设领域碳达峰碳中和典型案例集 / 住房和城乡建设部科技与产业化发展中心编著．—北京：中国建筑工业出版社，2023.5
ISBN 978-7-112-28736-9

Ⅰ.①城… Ⅱ.①住… Ⅲ.①城乡建设-二氧化碳-节能减排-案例-中国　Ⅳ.① F299.21

中国国家版本馆 CIP 数据核字（2023）第 085717 号

责任编辑：田立平　牛　松
责任校对：王　烨

城乡建设领域碳达峰碳中和典型案例集
住房和城乡建设部科技与产业化发展中心　编著

*

中国建筑工业出版社出版、发行（北京海淀三里河路9号）
各地新华书店、建筑书店经销
北京科地亚盟排版公司制版
临西县阅读时光印刷有限公司印刷

*

开本：787毫米×1092毫米　1/16　印张：11　字数：209千字
2023年5月第一版　　2023年5月第一次印刷
定价：**98.00元**
ISBN 978-7-112-28736-9
（41049）

版权所有　翻印必究
如有印装质量问题，可寄本社图书出版中心退换
（邮政编码 100037）

编委会

主　　编　刘新锋
副 主 编　高立新　陈　伟
编 写 组　殷　帅　田永英　赵　华　纪博雅　黄海伟
　　　　　　孟　瑶　戚仁广　凡培红　孙文卓　李明洋
　　　　　　孙事昊　龚玲玲　邹　寒　杨国淑　侯　锋
　　　　　　李　朋　葛勇涛　姚大伟　王修龙　张淑萍
　　　　　　孟　醒　亓　琨　周静瑜　陈　勇　李博佳
　　　　　　张昕宇　石铁矛　冯国会　高彩凤　康一亭
　　　　　　何　荻　丁　云　周　雯　叶　青　郭永聪
　　　　　　夏汉犁　陈　杰　赵鲲鹏　易　哲　夏晓东
　　　　　　李　磊　陈宋宋　谷伟新　严伟中　吴仪英
审稿专家组（排名不分先后）
　　　　　　梁俊强　王有为　曹　彬　陈　颖　狄彦强
　　　　　　何　昉　康艳兵　李德英　刘伊生　孙德智
　　　　　　王洪臣　殷勇高　赵　锂　朱　能

主编单位

住房和城乡建设部科技与产业化发展中心

（住房和城乡建设部住宅产业化促进中心）

参编单位

上海世博发展（集团）有限公司

上海市建筑科学研究院有限公司

贵州筑信水务环境产业有限公司

国投信开水环境投资有限公司

北京城市排水集团有限责任公司

寿光市城市建设投资开发有限公司

山东力诺瑞特节能环保科技有限公司

华东建筑集团股份有限公司

青岛绿帆再生建材有限公司

建科环能科技有限公司

沈阳建筑大学

中国建筑科学研究院有限公司

北京市建筑设计研究院有限公司

湖北省建筑科学研究设计院股份有限公司

深圳市建筑科学研究院股份有限公司

浙江大冲能源科技有限公司

国家电网有限公司客户服务中心

湖南省建筑设计院集团股份有限公司

沈阳建筑大学严寒地区建筑节能技术研究中心

国网浙江省电力有限公司

中国电力科学研究院有限公司

上海市漕河泾新兴技术开发区发展总公司

上海市嘉定区机关事务管理局

上海东方延华节能技术服务股份有限公司

浙江大东吴集团有限公司

湖州银行股份有限公司

前　言

　　气候变化形势日益严峻，给人类可持续发展带来巨大威胁和挑战。2020年9月22日，国家主席习近平在第七十五届联合国大会一般性辩论上发表重要讲话时强调，中国将提高国家自主贡献力度，采取更加有力的政策和措施，二氧化碳排放力争于2030年前达到峰值，努力争取2060年前实现碳中和。在之后的联合国生物多样性峰会、金砖国家领导人第十二次会晤、气候雄心峰会及2020年中央经济工作会议上，习近平多次重申以上目标。2021年9月22日，《中共中央　国务院关于完整准确全面贯彻新发展理念　做好碳达峰碳中和工作的意见》(中发〔2021〕36号) 中再次提出，实现碳达蜂、碳中和，是以习近平同志为核心的党中央统筹国内国际两个大局作出的重大战略决策，是着力解决资源环境约束突出问题、实现中华民族永续发展的必然选择，是构建人类命运共同体的庄严承诺。建筑领域作为我国碳排放的重点领域，推动产业结构优化升级，以节能降碳为导向促进低碳发展意义重大。

　　本书作为住房和城乡建设部科技与产业化发展中心牵头承担的"建筑领域碳达峰碳中和实现路径研究"的重要基础材料，涵盖城市、乡村社区和建筑市场配套多个领域，从技术标准和管理机制两个方面，分析典型案例具体做法，总结可复制、可推广先进经验。

　　城市规划布局及基础设施领域主要包括低碳布局、低碳基础设施、分布式能源等案例。社区和建筑领域包括零碳社区、零碳建筑、零碳园区、产能建筑、节能绿色改造、低碳运行等案例。乡村领域包括美丽乡村和绿色农房案例。市场配套机制领域包括电力需求侧响应和绿色金融案例。

　　受项目收集时间和编撰篇幅所限，本书选取的案例无法全面展示其所有技术细节，但通过案例概况、实施效果、主要做法、特点介绍、推广建议等方面的陈述，可以基本展现出现阶段我国碳达峰碳中和较为先进的发展水平，对引导行业进步有较强的实践意义。此外，本书暂时缺少园林城市、完整碳交易配套保障措施的相关案例，期待在未来可以有相关成功经验为广泛实践提供参考。

本书能够顺利编制并发布，感谢所有案例参编单位的配合和各课题研究单位的支持。由于本书涉及内容广、难度大、编写时间有限，书中疏漏与不足之处，恳请广大读者批评指正，共同推进我国建筑领域碳达峰碳中和目标早日实现。

目 录

第1章 城市规划布局及基础设施领域 …………………………… 1

1.1 低碳布局——上海市世博园区 ………………………………… 2
- 1.1.1 案例概况 ……………………………………………………… 2
- 1.1.2 实施效果 ……………………………………………………… 2
- 1.1.3 主要做法 ……………………………………………………… 4
- 1.1.4 特点介绍 ……………………………………………………… 7
- 1.1.5 推广建议 ……………………………………………………… 7

1.2 低碳布局——贵阳市分布式再生水生态系统 ………………… 9
- 1.2.1 案例概况 ……………………………………………………… 9
- 1.2.2 实施效果 ……………………………………………………… 11
- 1.2.3 主要做法 ……………………………………………………… 13
- 1.2.4 特点介绍 ……………………………………………………… 18
- 1.2.5 推广建议 ……………………………………………………… 18

1.3 低碳基础设施——北京市污水处理及再生利用系统 ………… 20
- 1.3.1 案例概况 ……………………………………………………… 20
- 1.3.2 实施效果 ……………………………………………………… 21
- 1.3.3 主要做法 ……………………………………………………… 22
- 1.3.4 特点介绍 ……………………………………………………… 25
- 1.3.5 推广建议 ……………………………………………………… 25

1.4 分布式能源——寿光市高温水供热管网互联互通工程 ……… 26
- 1.4.1 案例概况 ……………………………………………………… 26
- 1.4.2 实施效果 ……………………………………………………… 28
- 1.4.3 主要做法 ……………………………………………………… 28
- 1.4.4 特点介绍 ……………………………………………………… 30

VII

1.4.5 推广建议 ··· 31

1.5 分布式能源——山东省清洁供暖乐家系统 ··· 32
  1.5.1 案例概况 ··· 32
  1.5.2 实施效果 ··· 33
  1.5.3 主要做法 ··· 34
  1.5.4 特点介绍 ··· 37
  1.5.5 推广建议 ··· 38

第 2 章 社区和建筑领域 ··· 39

2.1 零碳社区——上海崇明第十届中国花卉博览会园区 ··· 40
  2.1.1 案例概况 ··· 40
  2.1.2 实施效果 ··· 42
  2.1.3 主要做法 ··· 43
  2.1.4 特点介绍 ··· 45
  2.1.5 推广建议 ··· 46

2.2 零碳园区——青岛绿帆建筑废弃物零碳园 ··· 47
  2.2.1 案例概况 ··· 47
  2.2.2 实施效果 ··· 48
  2.2.3 主要做法 ··· 49
  2.2.4 特点介绍 ··· 51
  2.2.5 推广建议 ··· 51

2.3 产能建筑——中国建筑科学研究院光电示范楼 ··· 53
  2.3.1 案例概况 ··· 53
  2.3.2 实施效果 ··· 54
  2.3.3 主要做法 ··· 55
  2.3.4 特点介绍 ··· 58
  2.3.5 推广建议 ··· 58

2.4 零碳建筑——沈阳建筑大学中德节能示范中心 ··· 59
  2.4.1 案例概况 ··· 59
  2.4.2 实施效果 ··· 59
  2.4.3 主要做法 ··· 62

         2.4.4 特点介绍 ··· 66
         2.4.5 推广建议 ··· 67
　　2.5 零碳建筑——高碑店市列车新城 ·· 68
         2.5.1 案例概况 ··· 68
         2.5.2 实施效果 ··· 69
         2.5.3 主要做法 ··· 69
         2.5.4 特点介绍 ··· 73
         2.5.5 推广建议 ··· 74
　　2.6 节能绿色改造——北京市建筑设计研究院C座 ························· 75
         2.6.1 案例概况 ··· 75
         2.6.2 实施效果 ··· 76
         2.6.3 主要做法 ··· 77
         2.6.4 特点介绍 ··· 82
         2.6.5 推广建议 ··· 83
　　2.7 节能绿色改造——湖北省建筑科学研究设计院中南
　　　　办公大楼 ·· 84
         2.7.1 案例概况 ··· 84
         2.7.2 实施效果 ··· 84
         2.7.3 主要做法 ··· 86
         2.7.4 特点介绍 ··· 90
         2.7.5 推广建议 ··· 91
　　2.8 低碳运行——深圳建科大楼 ··· 92
         2.8.1 案例概况 ··· 92
         2.8.2 实施效果 ··· 93
         2.8.3 主要做法 ··· 94
         2.8.4 特点介绍 ··· 98
         2.8.5 推广建议 ··· 99
　　2.9 低碳运行——杭州大悦城购物中心 ·· 100
         2.9.1 案例概况 ··· 100
         2.9.2 实施效果 ··· 101
         2.9.3 主要做法 ··· 101

  2.9.4 特点介绍 ································· 104

  2.9.5 推广建议 ································· 104

 2.10 低碳运行——国网客服中心南北园区 ················ 105

  2.10.1 案例概况 ································ 105

  2.10.2 实施效果 ································ 106

  2.10.3 主要做法 ································ 106

  2.10.4 特点介绍 ································ 110

  2.10.5 推广建议 ································ 111

第3章 乡村领域 ··· 113

 3.1 美丽乡村——花垣县十八洞村 ······················ 114

  3.1.1 案例概况 ································· 114

  3.1.2 实施效果 ································· 115

  3.1.3 主要做法 ································· 117

  3.1.4 特点介绍 ································· 121

  3.1.5 推广建议 ································· 122

 3.2 绿色农房——沈阳市装配式超低能耗绿色农房体验

    中心 ·· 123

  3.2.1 案例概况 ································· 123

  3.2.2 实施效果 ································· 124

  3.2.3 主要做法 ································· 126

  3.2.4 特点介绍 ································· 127

  3.2.5 推广建议 ································· 128

第4章 市场配套机制领域 ································· 131

 4.1 电力需求侧响应——杭州东方茂商业中心 ············· 132

  4.1.1 案例概况 ································· 132

  4.1.2 实施效果 ································· 133

  4.1.3 主要做法 ································· 134

  4.1.4 特点介绍 ································· 138

  4.1.5 推广建议 ································· 138

4.2 电力需求侧响应——漕河泾现代服务业集聚区 ················· 139
 4.2.1 案例概况 ·· 139
 4.2.2 实施效果 ·· 140
 4.2.3 主要做法 ·· 142
 4.2.4 特点介绍 ·· 145
 4.2.5 推广建议 ·· 145

4.3 绿色金融——上海市嘉定区公共机构集中统一合同
能源管理 ·· 146
 4.3.1 案例概况 ·· 146
 4.3.2 实施效果 ·· 147
 4.3.3 主要做法 ·· 147
 4.3.4 特点介绍 ·· 152
 4.3.5 推广建议 ·· 152

4.4 绿色金融——湖州东升和府装配式住宅 ················· 154
 4.4.1 案例概况 ·· 154
 4.4.2 实施效果 ·· 155
 4.4.3 主要做法 ·· 156
 4.4.4 特点介绍 ·· 160
 4.4.5 推广建议 ·· 161

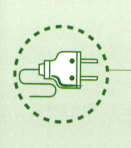

第 1 章

城市规划布局及基础设施领域

1.1 低碳布局——上海市世博园区

上海市世博园区在世博会后持续进行绿色低碳化开发建设，成为上海市第二批低碳发展实践区。案例的主要亮点和创新性体现在3个方面：（1）低碳规划体系创新，形成了"结构规划—片区控制性详规—低碳生态规划—专项规划"的规划体系；（2）低碳技术集成创新，聚焦能源、建筑、交通、资源、绿地和人文，形成建设技术体系；（3）多方协同机制创新，构建由政府、市场、企业、机构等多方主体构成的开发建设体系，有序推进园区低碳建设。

1.1.1 案例概况

（1）案例背景

2010年上海市"低碳世博"的成功举办和以"城市，让生活更美好"的世博主题，为全球提供了一个探索、展示绿色理念、科技和实践的高效平台。2011年底，联合国环境规划署（UNEP）发布《中国2010年上海世博会环境后评估报告》——2010年世博会成功避免了超过160万t额外二氧化碳排放，在世博会结束前成功抵消了88%的碳排放。"低碳世博"的举办推进了全球城市可持续发展进程，为世博会后持续推进上海的"创新驱动、转型发展"提供了原动力。

（2）案例实施范围概况

上海世博园区位于南浦大桥和卢浦大桥之间，沿着上海城区黄浦江两岸进行布局。世博园区规划用地面积为5.28km²，建筑开发量约550万m²，规划形成"五区一带"的功能结构（图1-1、表1-1）。

1.1.2 实施效果

（1）节能降碳效果

世博园区的低碳发展通过在低碳建筑、低碳能源、低碳交通、资源综合利用和绿地碳汇五个领域的绿色创新示范和节能减排，其低碳发展总体水平为：与基准情景相比，2019年世博园区的碳减排率达到26.5%，实现建筑节能约2.8万t标准煤，节电约22.8万kW·h，

第 1 章 城市规划布局及基础设施领域

图 1-1 世博园区规划功能结构图及效果图

世博园区各功能区定位　　　　　　　　　　　　　表 1-1

结构	位置	功能区	定位	备注
"五区"	浦西	文化博览区	国内顶尖、世界一流的博览文化集聚区	依托原浦西企业馆区
		城市最佳实践区	塑造具有世博特征和上海特色的文化创意街区	世博会整体保留区域
	浦东	政务办公社区	政务中心、办公园区,宜人的居住空间和生态滨水空间	以世博村地块为依托
		会展商务区	知名企业总部聚集区和国际一流的商务街区	原 AB 片区组成,含"一轴四馆"区域
		后滩拓展区	世博文化公园	原 C 片区组成
"一带"		滨江生态休闲景观带	沿江生态休闲景观带	依托滨江绿地和休闲公共服务设施

降低二氧化碳排放约 4.3 万 t。

建筑碳排放主要包括新建建筑、既有建筑、能源中心等相关用能活动;并以此作为本次建筑碳排放计算依据。核算以 2019 年建筑面积总量 190 万 m^2(其中运营建筑面积 132 万 m^2)为基准。基准情景:单位建筑面积能耗指标选取上海各类用能指南。低碳情景:根据世博园区各类建筑 2019 年实际运营能耗数据,给出低碳情景的建筑综合能耗和建筑碳排放。

交通碳排放计算城区范围内的交通出行过程中产生的用能活动;本次计算区域内小汽车、接驳交通所产生的碳排放。基准情景:按照《上海市电动汽车充电基础设施专项规划(2016—2020 年)》中的要求,具备条件的已建停车场充电车位不低于总停车位的 5%。低碳情景:按照世博地区低碳交通规划,考虑结合充电桩的安装比例进行折算,区域内充电桩安装的加权平均比例为 7%。

景观绿化碳汇主要指项目中林地、公园绿地和湿地等植物碳汇。基准情景：基于对世博地区现状景观植被的调研，园区绿化面积169hm^2，给出基准情景的景观碳汇。低碳情景：基于世博地区生态景观规划和新增景观绿化面积，园区绿化面积218hm^2，给出低碳情景的景观碳汇。

光伏发电上网产生的减碳量，主要指区域内升压上网的光伏发电量形成的减碳量。低碳情景：世博园区"一轴四馆"建设较大规模的光伏发电站，总计规模约为4.5MW，给出低碳情景的光伏发电减碳量。2019年光伏发电量约200万kW·h。

根据以上分析，世博园区在基准情景下每年二氧化碳排放量为162098t，低碳情景下每年二氧化碳排放量为119078t，整个区域每年减排二氧化碳约43020t，总体减排比例为26.54%（表1-2）。

各领域二氧化碳排放计算汇总表　　　　　　　　　　　　　表1-2

项目	基准情景 （t/年）	本案例（低碳情景） （t/年）	减排量 （t/年）	减排比例	减排占比
建筑	157617	116797	40820	25.90%	94.89%
交通	6940	6850	90	1.30%	0.21%
景观绿化	−2459	−3162	703	28.59%	1.63%
光伏发电	0	−1407	1407	−	3.27%
总计	162098	119078	43020	26.54%	100%

（2）经济与社会效益

世博园区保留部分世博文化场馆，利用世博场馆的创意和保留建筑，持续为上海的旅游产出和经济发展创造间接效益。引入总部经济、高端商务服务、旅游商贸文化会展等多种功能，目前，园区已经有25家央企注册了近80家各类公司，城市最佳实践区已有90%的建筑完成租赁。

世博园区通过总部经济集群发展和人才集聚效应，增加就业岗位，整个世博片区已经创造就业岗位超10万个，形成劳动就业效应和消费带动效应。通过绿色低碳宣传活动，提升国际影响力以及公众践行低碳的观念和意识。

1.1.3　主要做法

（1）技术标准创新方面

编制低碳规划引领减排目标。世博园区形成了《上海世博园区后续利用低碳生态规划》，规划提出"贯彻可持续发展理念，体现低碳、节能原则"，指标体系包括地方政策、低碳建设、运营管理和低碳成效共4类、41项具体指标。初步形成了"结构规划—片区控制性详规—低碳生态规划—专项规划"的低碳规划体系，涵盖绿色建筑、绿色能源、绿色交通、水资源综合利用、生态景观和固体废弃物等专项在内的世博园区低碳生态专项规划；在结构规划基础上，编制了贯穿低碳、生态、绿色理念的各片区控制性详细规划。

编制导则指引低碳发展建设。在低碳生态规划的基础上，以先进性、经济性和可行性为原则，根据各片区不同功能定位、用地性质及开发模式等因素编制世博园区绿色建设导则。以构建整个园区的建设导则为最终目标，先期形成的A、B片区的建设导则用于指导低碳建设，包括区域导则与绿色建筑导则两个部分，从区域与地块两个方面，分别为一级市政开发、二级地块开发提供方向性引导。

1）推广分布式能源系统建设和可再生能源集中应用。A、B片区和城市最佳实践区均建有区域式能源中心，其中A、B片区能源中心是中心城区最大的天然气分布式供能区域，总供能面积达176.3万m^2（图1-2）。城市最佳实践区和世博源商业广场均保留使用了世博会期间建设的江水源热泵空调集中供能系统，功能面积达到40万m^2。"一轴四馆"区域是中心城区最大的光伏发电可再生能源应用区域，中华艺术宫、世博中心、世博展览馆的光伏发电总装机容量4.5MW左右。

2）打造开放式街区典范和高星级绿色建筑集群示范。按照"小街坊、高密度、低高度、紧凑型"的布局要求，实现了建筑紧凑集约、城区高效绿色开发，成为开放式街区。世博B片区注重街道空间的完整性，营造宜人尺度，突出街道特色以及建筑内部空间和外部空间的融合。B片区各个地块之间不设围墙，通过公共通道的方式开放给公众使用，形成一个贯穿整个区域的步行网络。城市最佳实践区外进行总体改造，按照开放式园区的原则，实现了开放式园区的"便捷、安全、愉悦、舒适、联动"，15hm^2园区有大小20个出入口。作为保留与新建共存的园区，世博园区内城市未来馆与中国馆分别被改造成上海当代艺术博物馆与中华艺术宫，上海案例馆改造成"沪上·生态家"，结合建筑新需求，原有绿色技术得到保留和优化。世博村D地块通过建筑外窗贴膜、空调通风系统改造，建筑围护结构的节能效果和室内夏季热舒适度得到明显提升（图1-3）。

3）高密度公交路网分布和24h开放滨水慢行空间。世博园区拥有高密度公交路网，园区及周边300m范围内设有9个轨交站点和近40个公交站点，可实现公交站点300m全覆盖，轨交站点500m全覆盖。作为黄浦江两岸公共空间贯通开放的重要组成部分，浦东世博滨江段东起南浦大桥，西至倪嘉浜，全长7.1km；浦西世博滨江段融入黄浦滨江，全长 3km。跑步道、骑行道、漫步道三条步道沿江贯穿其中，24h 对外开放（图 1-4）。

图 1-2　天然气分布式供能区域

图 1-3　高星级绿色建筑集群示范区域

图 1-4　世博滨江段慢行系统及配套服务设施

4）活水公园人工湿地净化系统。把全场的雨水收集到活水公园，经过沉淀、人工湿地净化，把雨水处理到景观水标准，为荷花池补水，实现海绵城市项目要求的"渗、滞、蓄、净、用、排"。全生命周期管理的海绵项目，计量监控后评估系统实现了管理可视化、要素可计量、状况可核查、效果可评估的目标。编制《上海世博最佳实践区北区雨水利用系统运行管理手册》，对雨水利用系统提出运营管理要求。

5）中心城区最大的城市开放式公园绿地。世博园区内既有的后滩公园、世博公园、白莲泾公园作为永久性滨水生态公园保留，成为世博园区后续利用规划的独特资源优势。新建的世博文化公园是中心城区最大的城市开放式公园绿地，总用地面积约 2km^2，绿地规模占总建设用地的 80% 以上，定位为生态自然永续、文化融合创新、市民欢聚共享的大公园，110hm^2 绿化种植中，有近 90hm^2 用于种植高大乔木，形成巨大绿肺森林和巨量碳汇。

6）世博文化的传承与保护。世博园区现状保留了"一轴四馆"、世博村、城市最佳实践区等建筑面积约100万 m^2 的世博永久保留建筑，超过40万 m^2 的历史建筑和工业建筑，以及后滩公园、世博公园、白莲泾公园等。

（2）管理机制创新方面

推进绿色生态建设企业牵头、政企合作的机制。倡导园区内入驻企业使用集中供能和可再生能源，在公共停车场、社区等提供充电设备，推动区域内采取绿色建筑设计和运营标准，推动区内楼宇分项计量上网。

上海市科委成立"世博科技专项"全面开展园区后续利用的低碳、生态、节能等关键技术的研究，包括能源中心运行策略、低碳运营监管平台、碳核查和碳交易技术、大型空间BIM技术、新建绿色建筑适宜技术、既有建筑绿色化改造技术、地下空间智能交通技术、绿地生态网格和立体绿化技术等。

园内定期开展一系列的环保节能宣传活动，为低碳发展助力。包括：低碳生活和消费理念宣传，低碳主题活动论坛，低碳宣传与教育，制作低碳科普系列宣传片，介绍园区里的海绵城市、光伏发电等低碳技术。

1.1.4 特点介绍

世博园区基于独特的区位特征、资源优势和人文内涵，建设成为国际一流的宜居宜商、生态优先、系统综合、以人为本的可持续低碳城区典范。

以碳减排目标为核心的低碳规划体系创新：形成了"结构规划—片区控制性详规—低碳生态规划—专项规划"的低碳规划体系。

减碳、碳汇同时发力的低碳技术集成创新：开展开放式公园绿地、天然气分布式供能区域、最大的可再生能源应用区域、开放式街区典范、高星级绿色建筑集群示范、既有建筑绿色化节能改造、24h开放滨水慢行空间、高密度公交路网分布、活水公园人工湿地净化系统等。

多方协同的政企联动机制创新：构建由政府、市场、企业、机构等多方主体构成的建设开发体系。

1.1.5 推广建议

一是规划引领奠定区域低碳基础。编制可量化的低碳发展指标体系和建设导则，为园区的后续低碳建设指明方向。规划中需要充分考虑高品质绿色建筑和分布式能源。二是绿色空间营造良好低碳体验。园区需要充分利用江河岸线和绿地资源，融合生态森林公园、文化融合创新的文化公园、市民欢聚共享的城市公园，同时考虑与既有公园、场馆相结合。三是政企合作推动区域低碳发展。促进地方政府努力创建低碳发展示范区，并建立具体推进机制，倡导园区内入驻企业使用集中供能和可再生能源，推动区域内新建建筑采取绿色建筑设计和运营标准，对垃圾分类、循环利用等绿色低碳生活方式进行规划配置。四是全面宣传促进社会低碳行动。广泛利用广播电视媒体、移动媒体、网络媒体等各种媒体资源，宣传环保低碳节能的理念。

1.2 低碳布局——贵阳市分布式再生水生态系统

贵阳市将排水系统及污水处理建设方式由传统的大截留、末端集中处理改为基于"适度集中、就地处理、就近回用"原则的分布式模式，采用分布式下沉再生水生态系统，节省管网建设，节约投资，释放土地价值，实现绿色低碳发展。"分布式模式"有效降低了"拆—迁—再次拆—再次迁"的风险，在用地矛盾凸显的区域具有显著优势，在高密度老城区更新改造中应用前景广阔，对城市排水设施优化布局、排水系统更新改造等工作具有参考价值。

1.2.1 案例概况

（1）案例背景

贵阳市是贵州省省会，中心城区总面积1230km^2，现状建成区面积358.4km^2，至2020年末全市常住人口598.7万，主城区人口密度极高（平均超过3.7万人/km^2）。贵阳处于长江水系与珠江水系的分水岭地带。长江水系面积7631.67km^2，占全市土地面积的94.8%；珠江水系面积415km^2，占全市土地面积的5.2%。中心城区段长约50km，城区内有7条一级支流汇入，流域人口达310万，占全市50%以上，流域地区生产总值占全市60%左右。2002年起，随着社会经济快速发展和城市规模不断扩大，城市生产生活用水量迅速增加，贵阳市生态基流严重不足，污水排放量激增，污水处理设施、收集管网严重滞后，致使南明河产生重度黑臭水体问题，市民避河而行，沿岸居民闭窗而居。面对日益突出的人水矛盾，贵阳市的水环境、水生态恢复问题亟待解决。

（2）案例实施范围概况

贵阳市基于"适度集中、就地处理、就近回用"的创新规划理念，改变以往城市污水"大集中"收集、处理、排放的传统技术路线，开创性提出了分布式下沉再生水生态系统技术体系。

对主城区5座处理规模为50万m^3/d的老旧污水厂进行提标改造，改造后全部达到《城镇污水处理厂污染物排放标准》GB 18918—2002一级标准的A标准。贵阳市城区布局39座再生水厂，设计总规模200.58万m^3/d，其中南明河流域34座（设计规模183.58

万 m³/d)，麦架河流域 5 座（设计规模 17 万 m³/d）。其中还包含下沉式再生水厂 18 座，总规模 69.5 万 m³/d。在南明河干支流配套新建及完善污水收集管网超过 100km，并完成 19 条大沟治理。对排水大沟实施清污分流等整治工程，改造排口 263 个，主城区段实现污水应收尽收。对南明河干支流河道实施内源治理，清除河道黑臭淤泥 92 万 m³，河道整治工程 21.64 万 m³。同时，对南明河干支流河道进行生态构建和生态修复，面积达 7.3 万 m²，建设人工生态湿地 1.53 万 m²、生态驳岸 3 万 m²，干流核心段新建截污沟除臭系统 7 套。此外，通过铺设亲水步道、健身跑道，种植绿化生态等方式的生态景观改造达 20.36 万 m²，并置换出 2 座生态景观公园（图 1-5）。

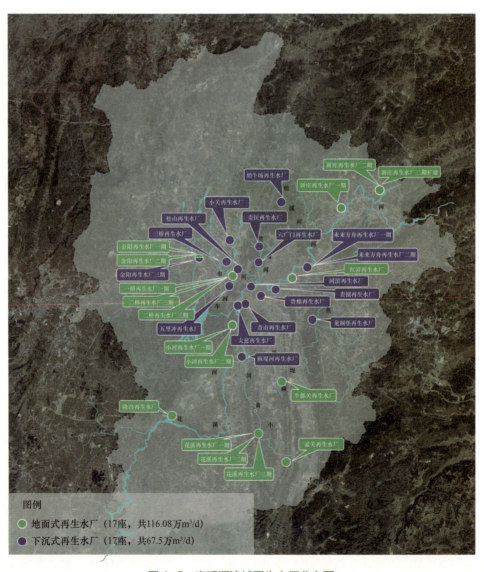

图 1-5　南明河流域再生水厂分布图

1.2.2 实施效果

（1）节能降碳效果

1）分布式再生水厂布局。污水处理过程中的碳排放包括直接排放和间接排放，其中直接排放包含甲烷及一氧化二氮，间接排放包含电耗及药耗带来的碳排放。计算指导依据为《2016年IPCC国家温室气体清单指南（2019修订版）》。得到集中式方案碳排放量为每年38.66万t CO_2，分布式方案碳排放量为每年41.37万t CO_2。

污水收集管网建设的碳排放量依据文献计算，可知集中式模式收集管网年产碳排放，1.65万t CH_4，即46.03万t CO_2。通过采用分布式厂网建设模式，减少收集管网30km，实现年减排量0.059万t CH_4，即1.64万t CO_2。

再生水回用泵站的碳排放量参考文献计算，得到集中式方案再生水回用过程中每年产生温室气体排放量为4.89万t CO_2，即分布式方案相较于集中式方案每年减少碳排放量为4.89万t CO_2。

综上，分布式方案较集中式方案每年可减少碳排放量为3.82万t CO_2。

2）再生水厂精细控制。碳足迹电网排放因子按0.5839kg CO_2/kW·h，即已实施精确曝气系统的4座污水处理厂每年可以减少碳排放量为1500.6t CO_2。依据《行业碳排放强度先进值标准》中"化学原料和化学制品制造业"的先进值569.31kg CO_2/万元，精确加药系统每年可减少碳排放量为43.9t CO_2。

3）水源热泵能源回用。水源热泵碳减排量计算参考温室气体自愿减排方法学CMS-029-V01"针对建筑的提高能效和燃料转换措施"、CM-022-V01"供热中使用地热替代化石燃料"，项目每年能减少碳排放量183t CO_2。

4）下沉式再生水厂土地综合利用。集中式方案中水厂绿地面积共计18.04万m^2，分布式方案中水厂绿地面积共计26.64万m^2。按绿地面积碳汇4.1t/万m^2计，集中式方案地上景观绿地每年碳汇73.95t CO_2，分布式方案地上景观绿地每年碳汇109.21t CO_2。

综上，集中式、分布式再生水厂布局规划的碳排放量对比见表1-3。

集中式、分布式再生水厂布局规划的碳排放量对比　　　　表1-3

		集中式	本案例（分布式）
分布式再生水厂布局	污水处理的碳排放量（万t/年）	38.66	41.37
	收集管网建设的碳排放量（万t/年）	46.03	44.39
	再生水回用泵站的碳排放量（万t/年）	4.89	0

续表

		集中式	本案例（分布式）
再生水厂精细控制	精确曝气碳减排量（t/年）	0	−1500.6
	智能加药碳减排量（t/年）	0	−43.9
	水源热泵能源回用碳减排量（t/年）	0	−183
土地综合利用	景观绿地碳汇（t/年）	73.95	109.21

（2）经济与社会效益

已实施的精确曝气系统每年可节省电量 2.57×10^6 kW·h，折合电费 146.5 万元/年；采用智能加药系统，年节省药量约 924.9t，可节约药剂费 77.1 万元/年。

南明河河道主要水质指标由治理前的劣Ⅴ类改善至稳定达到地表水Ⅳ类。2021 年监测数据表明，国控断面 COD、氨氮、总磷已达Ⅲ类。河道 7 年无需清淤，沉水植物物种达到 11 种，覆盖度达 80% 以上；浮游植物 58 种；鱼类物种达到 29 种，南明河已形成具有较强环境自净能力的健康生态系统（图 1-6）。

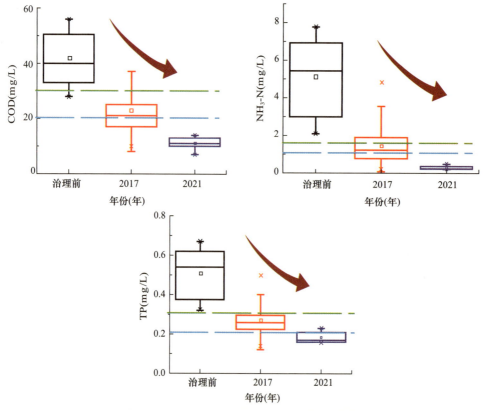

图 1-6 新庄国控断面治理前至 2021 年的水质变化

依托贵阳市的成功实践,分布式下沉再生水生态系统已在大理洱海、上海嘉定、北京碧水和成都天府新区等一批有重大影响力的项目中推广应用,目前,已支持全国 21 个省区市水环境治理,下沉式再生水厂总规模约 300 万 m^3/d,得到国内和国际社会高度认可(图 1-7)。

图 1-7　新庄国控断面 2021 年水生态变化情况

1.2.3　主要做法

(1)技术标准创新方面

1)分布式再生水厂布局

南明河流域综合治理之初提出了传统集中式建设模式和分布式厂网建设模式两种方案。图 1-8 为按照原规划思路编制的排水系统集中式方案,新建 3 座地上式污水厂(处理规模 62.5 万 m^3/d),扩建 4 座地上式污水厂(处理规模 53.5 万 m^3/d)。图 1-9 为以下沉式再生水厂为核心,基于"适度集中、就地处理、就近回用"原则提出的分布式厂网建设模式,沿南明河干支流新建、改扩建再生水厂 23 座,新增处理规模 116 万 m^3/d。其中,下沉式污水厂 17 座(处理规模 67.5 万 m^3/d),地上污水厂 6 座(处理规模 48.5 万 m^3/d)。

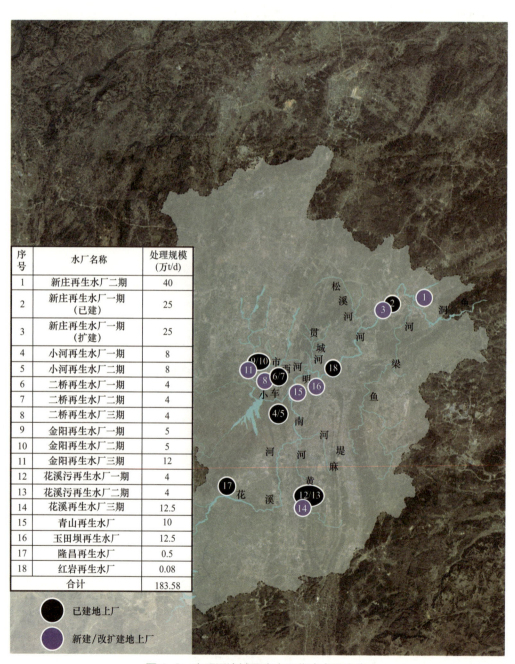

图 1-8 南明河流域再生水厂集中布局方案

序号	水厂名称	处理规模（万t/d）
1	新庄再生水厂二期	24
2	新庄再生水厂一期	25
3	龙洞堡再生水厂	5
4	未来方舟再生水厂一期	2.5
5	未来方舟再生水厂二期	2.5
6	奶牛场再生水厂	2.5
7	贵钢再生水厂	3
8	小关再生水厂	2
9	贵医再生水厂	5
10	六广门再生水厂	12
11	贵棉再生水厂	2
12	河滨再生水厂	5
13	松山再生水厂	1
14	青山再生水厂	5
15	太慈再生水厂	2
16	五里冲再生水厂	3
17	三桥再生水厂	4
18	二桥再生水厂一期	4
19	二桥再生水厂二期	4
20	二桥再生水厂三期	4
21	小河再生水厂一期	8
22	小河再生水厂二期	8
23	金阳再生水厂一期	5
24	金阳再生水厂二期	5
25	金阳再生水厂三期	8
26	麻堤河再生水厂	3
27	牛郎关再生水厂	1
28	花溪再生水厂一期	4
29	花溪再生水厂二期	4
30	花溪再生水厂三期	2
31	孟关再生水厂	1.5
32	新庄二期扩建	16
33	隆昌再生水厂	0.5
34	红岩再生水厂	0.08
	合计	183.58

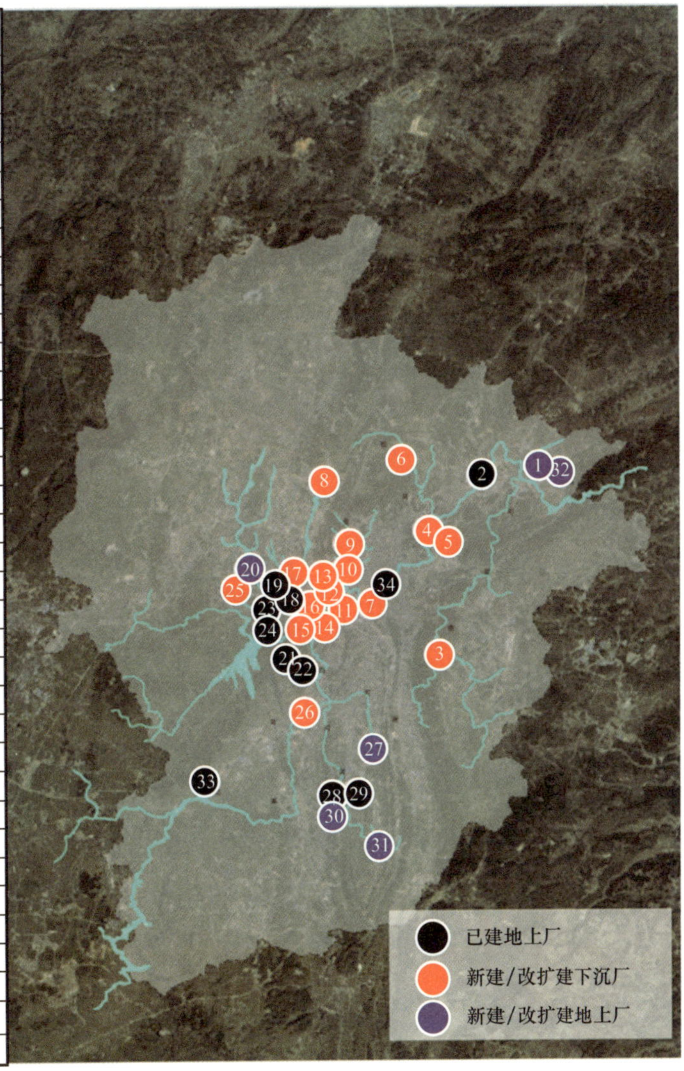

图 1-9 南明河流域再生水厂分布式布局方案

2）再生水厂精细控制

采用基于 DO 反馈的智能曝气控制系统，对好氧生物可以保持良好的供氧条件，在进水负荷低时可以自动减少曝气量，实现节能目标。贵阳金阳二期、金阳三期、新庄二期、麦架河 4 个再生水厂采用精确曝气系统后每年可降低能耗 13%，即 $2.57\times10^6 kW\cdot h$。按能效比 0.27kg 标准煤/（$kW\cdot h$）计，每年节省标准煤 $6.94\times10^5 kg$，相当于每年可以减少碳排放量 1500.6t CO_2。

应用实时控制、工艺数值模拟深度挖潜，"反馈+前馈"串级控制策略，依据进水负荷加药，实现出水水质稳定达标，优化污水处理厂运行，在持续稳定达标的同时实现节能降耗（图 1-10）。金阳二期、金阳三期、新庄二期、麦架河 4 个再生水厂采用智能加药系统后，节约药量达 10%，年节约药量 308.3t，每年可减少碳排放量 43.9t CO_2。

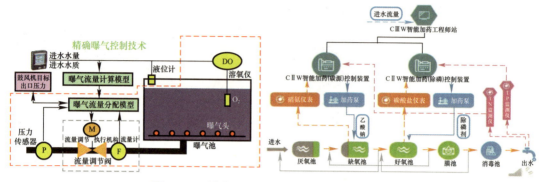

图 1-10　精确曝气系统及精确加药系统原理图

3）水源热泵能源回用

市政污水尾水中的热能作为低品位能源不能直接用于发电，可用于再生水厂自身和周边（3~5km）建筑供热/制冷、温室供暖，还可直接用于厌氧消化器加热、污水冬季加热、污泥干化等。在污水处理末端利用热能不仅可以避免冬季影响生物处理效果的问题，亦可避免热能污水管道原位利用或再生水厂前端利用面临的堵塞、污染以及腐蚀现象。在出水水量和水质双重保障情况下，热能利用可以通过水源热泵交换方式轻松实现。贵阳南明河流域金阳三期厂区已实施水源热泵系统，其分为三个子系统：（1）污水开式子系统；（2）中介水闭式子系统；（3）末端循环水子系统（图 1-11）。

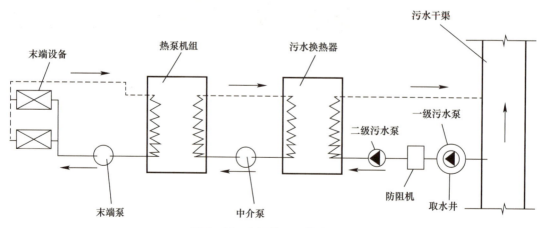

图 1-11　水源热泵工艺流程图

水源热泵系统采用闭式污水源热泵系统，污水先将热量或冷量传递给清洁水（起中介导热作用，又称中介水），中介水再进入热泵机组进行冷热量转换。项目以金阳三期尾水为热源，在冬季水温 10～16℃、夏季水温 22～24℃的情况下，利用设计尾水温差（冬季温差 3℃，夏季温差 5℃），实现对金阳污水厂 2700m² 办公楼的供热制冷。

已实施的水源热泵项目服务面积总计 7687.27m²，热能核算显示，污水中蕴含的理论热能为 4.64kW·h/m³（温差为 4℃）。通过水源热泵交换可实现 38% 热能转化（1.76kW·h/m³）和 25% 冷能转化（1.16kW·h/m³）。办公楼供热指标为 150W/m²；制冷指标为 100W/m²。一年供热 120 天，一天 12h；一年制冷 90 天，一天 12h。水源热泵机组供热效率为 5.0，制冷效率为 4.4，即每消耗 1kW·h 的电量，可产生 5.0kW·h 的热量或吸取 4.4kW·h 的热量。不考虑电网传输损失，项目每年能减少二氧化碳排放量 183t。

4）下沉式再生水厂土地综合利用

依靠"分布式下沉"优势，就近将污水处理厂尾水输送至活水公园，提升周边居民可享用的绿色空间（图 1-12）。

图 1-12 土地综合利用

统筹河流生态系统结构调整修复、山区河流消落区带状湿地系统构建、城市河流生境多样性构建技术、城市河流生态景观文化展现等技术内容，提升水质并修复生态，拓展城区绿色空间，规划建设花溪河十里河滩等一批湿地公园。项目为居民提供公园绿地面积近 30 万 m²，沿南明河布置步道、公园，使贵阳居民又回到了"母亲河"身边。

（2）管理机制创新方面

贵阳市围绕再生水回用，出台了《贵阳市创建国家节水型城市活动实施方案》，并出台相应的城市再生水利用管理办法，为污水资源化创造必要的条件。引导工业、洗车、市政公用及城市绿化等行业使用再生水。

采取 PPP 模式，通过公开招标方式，引入技术、资金实力、社会责任强的社会资本，由专业企业负责项目规划设计、投融资、建设及运营管理的全过程。企业获得污水处理厂30年特许经营权和南明河河道10年运营维护服务权，并向政府收取服务费用。政府重点进行监督管理与绩效考核，进而实现政府政策意图落实、社会资本运作落地及公共服务利益落细的"三赢"。通过加大宣传力度，形成良好节水氛围，依托青山下沉式再生水厂，在地面和地下空间建设贵阳市水环境科普馆，开展各项节水和绿色低碳生活宣传活动（图1-13）。

图1-13　贵阳市水环境科普馆

1.2.4　特点介绍

贵阳市将排水系统及污水处理建设方式由传统的大截留、末端集中处理改为基于"适度集中、就地处理、就近回用"原则的分布式模式，采用分布式下沉再生水生态系统，有效减小管网建设规模，减少污水在排水系统管网厌氧状态中的停留时间，减少甲烷等温室气体直接排放，减少再生水回用调水能耗，减少间接碳排放；优化厂内污水处理运行管理，实现污水处理过程中的节能降耗，有效降低成本；下沉式再生水厂通过再生水回用、水源热泵供热制冷等，实现资源回用。通过再生水厂的分布式布局及资源化利用，实现"厂网河"一体化联动，各个环节协同耦合实现从污水收集至尾水排放全过程的降碳。再生水厂分布式布局体系实现城区水资源管理联动，有效保障河道水质。

1.2.5　推广建议

一是推广分布式下沉再生水生态系统布局。科学合理的分布式布局是实现高效低碳的关键，分布式下沉水再生水系统适用于城市建成区，特别是土地资源紧缺的地区，而下沉式再生水厂是实现分布式布局的重要抓手，在城市建成区和土地资源紧缺的情况下，可以突破选址限制，保证分布式布局的实施。二是将再生水厂精细控制、水源热泵能源回用作为分布式布局的重要补充。两项技术均可独立实施实现降碳效果，与分布式下沉再生水生态系统结合可充分发挥其降碳优势。

1.3 低碳基础设施——北京市污水处理及再生利用系统

该案例通过管理创新、技术创新、生态服务创新等方式，采取10大措施，深入挖掘节能降碳空间，提升系统综合效能。通过"厂网一体化"运营，提升设备效能，通过精细化、智慧化管理，提升系统效能。多点高效推进碳减排，推动厌氧氨氧化和好氧颗粒污泥技术应用，搭建沼气热电联产、分布式光伏发电、水源热泵等技术应用平台，实现绿色低碳生产。大力推动再生水回用和污泥资源化利用，不断实现碳补偿。最终实现处理万吨水二氧化碳排放强度下降7.5%。

1.3.1 案例概况

（1）案例背景

截至2019年，北京市共有万吨级以上城镇污水处理厂67座，污水处理能力约679.2万m^3/d。全市城镇地区基本实现污水处理设施全覆盖，污水处理设施能力基本满足污水排放与处理需求。全市城镇污水管道总长度约8595km，全市城镇地区污水收集效能明显提升。全市建成污泥处理设施16座，总设计规模8258t/d，全市已基本实现污水处理设施产生污泥的减量化、无害化处理。

（2）案例实施范围概况

案例单位作为重点碳排放点位，运营北京市中心城区11座再生水厂，共423万m^3/d污水处理能力，6128t/d污泥处理设施，9204km排水管网和102座雨污水泵站，892km再生水输配管网和21座供水泵站。中心城区11座再生水厂按照水厂服务范围及设备设施联调情况划分为清河、坝河、通惠河和凉水河四大流域，设施规模分别为清河流域105万m^3/d，坝河流域50万m^3/d，通惠河流域130万m^3/d，凉水河流域138万m^3/d，共423万m^3/d。污泥处理设施分别分布在四个流域，包括高碑店、小红门、槐房、清河第二和高安屯5座污泥处理中心，设施规模分别为高碑店1358t/d、小红门900t/d、槐房1220t/d、高安屯1836t/d、清河第二污染处理中心814t/d，共6128t/d（图1-14）。

图 1-14 北京市再生水还清四大河流

1.3.2 实施效果

（1）节能降碳效果

案例通过"厂网一体化"、智慧运营、设备提质增效等管理手段和沼气热电联产、分布式光伏发电、水源热泵、厌氧氨氧化、好氧颗粒污泥等技术手段，实现节能降碳。

绿电减排：2021 年，高碑店和小红门沼气发电项目年发电量 1300 万 kW·h，清河、酒仙桥和小红门 3 个光伏发电项目年发电量 2200 万 kW·h，案例单位绿色能源利用率 4.4%，减少二氧化碳排放 2.1 万 t。实施精细精准调控，各再生水厂和污泥处理中心生产运行效率持续提升，同比 2020 年，2021 年污水处理综合用电单耗降低 7.0%，除磷药剂投配率降低 8.6%，碳源药剂投配率降低 30.3%，污泥产气率提升 3%，处理单位污泥热水解蒸汽耗用量降低 3%。

污泥污水处理减排：2022 年 8 月，案例单位已建成国内最大规模的吴家村再生水厂 8 万 m^3/d 好氧颗粒污泥城市污水处理项目，较传统活性污泥技术每年节约用电 116 万 kW·h，减少二氧化碳排放量 700t。

2020 年，案例单位碳排放总量为 42 万 t，预计到 2025 年，碳排放量和碳排放强度较 2020 年下降 20% 以上，实现节电 1.89 亿 kW·h/年，减少碳排放 11.4 万 t/年。其中，高安屯再生水厂率先实现碳中和，整体项目实现近零碳排放。预计 2035 年，碳排放量和碳排放强度力争较 2020 年下降 40%，力争处理每立方米污水的电耗达到国际领先水平。

（2）经济与社会效益

到 2025 年，以节电 1.89 亿 kW·h/ 年核算，可节约电费 1.2 亿元 / 年。预期到 2035 年，实现节电 3.24 亿 kW·h/ 年，减少碳排放 19.6 万 t/ 年，节约电费 2.06 亿元 / 年。

大力推动再生水回用和污泥资源化利用，高效利用再生资源，扶持循环经济新业态，产生了良好社会效益。每年生产高品质再生水，广泛用于工业用水、景观绿化、市政杂用、河道补水，改善了城市水环境，创造了显著的生态环境效益。每年生产高品质污泥营养土，全部通过林地利用、园林绿化、矿山修复、沙化地改良、盐碱地改良等方式进行资源化利用，替代了部分肥料使用，同时，通过污泥资源化利用实现了生态固碳。

1.3.3 主要做法

（1）技术标准创新方面

利用沼气热电联产技术，实现能源回收利用。按照《北京市加快污水处理和再生水利用设施建设三年行动方案（2013—2015 年）》，建设了高碑店、小红门、槐房、清河第二、高安屯 5 座污泥处理中心，总处理能力 6128t/d。污泥处理中心均采用世界上最先进的"热水解 + 厌氧消化 + 板框脱水"技术路线，实现污泥的无害化、稳定化、减量化、资源化。每吨污泥在厌氧消化过程中产生的沼气量为 $300m^3/tDS$，其可进行热电联产，实现能源回收利用。采用热电联产方式进行沼气全利用，可以减少水厂对外来电能的消耗；发电机产生余热高效回收利用，用于热水解工艺用热及全厂建筑供暖实现"热"和"电"两种能源的回收利用。目前，高碑店、小红门、槐房、清河第二、高安屯 5 座再生水厂热电联产项目基本建成，总装机功率 25.6MW。到 2025 年，5 座污泥处理中心预计年产沼气量 8000 万 m^3，年发电量 8000 万 kW·h，减少 11.4% 外部电能消耗，每年减少二氧化碳排放量 4.8 万 t（图 1-15 和图 1-16）。

建设分布式光伏发电项目，实现清洁能源替代。目前已在清河、酒仙桥、小红门再生水厂建成光伏发电站，总装机功率 18.5MW，年平均发电量 2400 万 kW·h，减少污水处理厂外部电能消耗 3%，年减少二氧化碳排放 1.5 万 t。计划在所属再生水厂分批建设光伏发电站，"十四五"期间完成清河第二、高安屯、定福庄再生水厂光伏发电站建设，总装机功率 13.5MW，年发电量约 1500 万 kW·h，减少二氧化碳排放 0.9 万 t（图 1-17）。

图1-15 污泥处理中心热水解系统

图1-16 污泥处理中心厌氧消化系统

图1-17 再生水厂光伏发电项目

推广水源热泵项目,使用可再生能源供热制冷。在北京市中心城区所属11座再生水厂——设计处理规模423万 m^3/d,每年可生产高品质再生水12亿 m^3——使用热泵为水厂办公区和生产区进行夏季制冷和冬季供热。目前,已在各再生水厂建设30个水源热泵机房,总服务面积39.5万 m^2,总装机容量37MW,年供热量39万GJ,"十三五"期间累计替代天然气5850万 m^3;减少二氧化碳排放4.4万t。此外,在东升科技园和专家国际花园/公馆运营管理3个热泵系统,供热制冷面积60万 m^2,年供热制冷量40万GJ,"十三五"期间累计替代天然气约6000万 m^3,减少二氧化碳排放4.5万t。"十四五"期间持续推进水源热泵的社会推广应用,计划新增服务面积400万 m^2,每年替代天然气约9200万 m^3,减少二氧化碳排放20万t。

创新高效脱氮新技术,滤液处理实现低碳。厌氧氨氧化(ANAMMOX)技术是当今世界最先进的颠覆性污水生物脱氮技术。在厌氧氨氧化过程中,氨氮和亚硝酸盐氮会在特殊菌种的作用下以独特的方式相互结合生成氮气,从而达到高效去除氨氮的效果。与传统污水处理工艺相比,可节省占地、投资和运行费20%以上,节约能耗30%以上,节约药剂90%以上,碳排放减少50%以上,为未来实现城市污水处理厂能源自给和能源供给提供支撑。北京的5座污泥处理中心建成了世界上规模最大的污泥消化液厌氧氨氧化脱氮工程,总处理规模15900 m^3/d,年节省电能消耗1741万 $kW·h$,减少二氧化碳排放1万t,为解决污泥高浓度消化液世界性难题提供了一条全新、高效、可靠的技术途径。

实施好氧颗粒污泥项目改造,实现节能降耗。好氧颗粒污泥技术是当前世界最先进的生物处理技术之一,与传统絮状活性污泥法相比,生化反应效率高;与传统工艺相比,节省20%以上占地面积,降低50%以上药剂费用,节省15%以上能耗。2021年5月,吴家村再生水厂一个系列2万 m^3/d,已经开始试运行;2022年8月,已建成国内最大规模的吴家村再生水厂8万 m^3/d 好氧颗粒污泥城市污水处理项目,如图1-18所示。

图1-18 吴家村好氧颗粒污泥示范工程

（2）管理机制创新方面

通过实施优化"厂网一体化"运营调度、精细化运营管理、设备效能提升、智慧化管理模式，提升管理水平和效能，到 2025 年，实现处理每立方米污水的电耗比 2020 年降低 10%，其他业务板块能耗稳中有降；到 2035 年，能耗进一步下降，达到国际领先水平。

1.3.4　特点介绍

采用"厂网一体化"、沼气热电联产、光伏发电、内外水源热泵清洁能源利用，以及厌氧氨氧化技术转化等低碳技术措施，在对外供水量大幅提升，防汛保障设施能力提高，除臭设施不断升级的情况下，持续创新，深入挖掘节能降碳空间，实现万吨水二氧化碳排放强度下降的目标。

1.3.5　推广建议

污水处理厂可以打造成城市新型水源工厂、绿色能源工厂、有机肥料工厂、城市花园及共享空间。一是降碳，实施智慧精准运维，提升系统综合效能。依托水务智慧化，全面提升污水收集输配能力，推行精准控制与优化调控，实现全流程节能降耗与减排降碳。二是替碳，深挖污水潜能，开发多种绿色能源。加强城市排水系统可再生能源自主开发力度，积极推行"污泥热水解厌氧消化＋土地利用"污泥负碳处理技术路线，实现沼气能源高效开发与利用；拓展分布式光伏发电及水源热泵利用规模，优化能源结构，提高绿色能源占比。三是固碳，推进污水污泥资源化利用，形成生态碳汇。强化再生水水资源属性，大力推进再生水在工业、农业、河湖景观、市政杂用等方面的利用，替代新鲜水源，降低城市碳排放量；推动污泥土地利用，修复土壤生态系统，打造生态碳汇。四是前瞻布局低碳技术及标准研究，支撑产业绿色升级。开展污泥厌氧消化产能提升、厌氧氨氧化、好氧颗粒污泥等低碳技术研发及推广应用，开展城市排水系统温室气体排放相关标准研究，为行业绿色发展提供支撑。五是构建流域综合治理绿色模式。从流域尺度构建城市排水系统的碳绩效，践行"厂网河"一体化流域治理模式，深挖"厂网河"联动在碳减排上的优势，提升流域治理综合效能，为消除黑臭水体、解决城市内涝、开发城市水资源等问题的低碳路径提供借鉴。

1.4 分布式能源——寿光市高温水供热管网互联互通工程

寿光城区将能够形成供热能力的各种热源进行连接,由"分片供热"升级为"环网供热",其采用的可推广的应用技术包括:余热回收综合利用;"一城一网""一网多源"供热格局;高效、低碳能源系统;计算机自动监控;智慧供热云平台环网总调度;大温差技术;基于数字孪生模型的源—网—荷—储全过程供热数字化管理。综合计算,该项目实施后共节约标准煤 12.05 万 t。

1.4.1 案例概况

(1) 案例背景

寿光市隶属山东省潍坊市,地处鲁中北部沿海平原区,属暖温带大陆性季风气候。寿光市下辖 5 个街道,9 个镇,1 个园区,市域面积 1990km²,总人口约 120 万。寿光城区 4 家供热企业在各自供热区域内自行建设、运营、管理独立的供热管网系统(图 1-19)。

图 1-19 寿光城区供热区域概况图

案例规划实施前存在以下问题：热源多为燃煤锅炉房，热源点发展不平衡，热源之间无法互为备用；关停部分燃煤锅炉后，缺少片区供热热源；各片区供热管网相互独立，未实现管网互联互通，备用保障性不足；部分区域蒸汽管网承担供暖供热任务，热损较高。

（2）案例实施范围概况

寿光市委、市政府于2020年7月决定实施寿光市高温水供热管网互联互通工程项目，项目总投资约10亿元。该项目有计划地淘汰高耗能、低效率的燃煤锅炉；压减区域耗煤量；以晨鸣热源中心、巨能热源中心和天力辅助热源中心形成市区供热和三大园区的主能源中心；关停、拆除东城热力和华源热力热水锅炉。寿光巨能热电现装备3×410t/h燃煤锅炉和2×155MW发电机组，将2×155MW发电机组通过低压缸零出力供热改造，并配套建设一座供热首站，供热能力达到400MW。另外，自备热电厂现有2×155MW发电机组，通过对现有机组进行改造并配套建设供热首站，利用吸收式机组提取循环冷却水热量，供热能力达到340MW（图1-20）。

图1-20 寿光市高温水供热管网互联互通工程示意图

该项目于2020年11月6日投入运行，2020—2021年供暖季实际供暖面积1250万m²（约600万m²近期入网），2030年规划供暖3500万m²。共敷设高温水管道47km，将晨鸣热电、巨能热电的热源与城区供热管网联通，充分利用热电厂的余热，淘汰城区现有的高能耗燃煤锅炉和产能落后发电机组，压减区域耗煤量，改善空气质量，实现城区供热资源共享、管网互联互通（图1-20）。攻克"如何实现源、网、站、户联网联控；如何减少对周边环境及交通影响、缩短施工工期"等多项工程技术难题。

1.4.2 实施效果

（1）节能降碳效果

寿光城区每平方米的供热能耗由 11.8kg 标准煤降为 2.2kg 标准煤，2020 年供暖季环网供暖面积为 1250 万 m^2，现阶段每年可实现节约标准煤 12.05 万 t。

工程全部完成后共关闭燃煤锅炉 572MW，按当前实际供暖规模，可节约标准煤 20.4 万 t，远期可实现节约标准煤 35.7 万 t。远期年减少烟尘排放量 242760t；二氧化硫排放量 26775t；氮氧化物排放量 13388t；二氧化碳排放量 888930t。

（2）经济与社会效益

该项目年利润总额 7000 万元，总投资收益率为 5%，所得税后财务内部收益率为 2.9%，财务评价指标较好，取得了良好的经济效益。该项目改善了中心城区的基础设施状况，有利于吸引区外投资，加速城区的快速发展，进而提升土地价值。

电厂余热集中供热工程的实施不仅有效减少了污染物排放，也加快了城市基础设施建设，促进了经济结构的调整，在带动相关产业发展的同时，也提高了旅游收入。

1.4.3 主要做法

（1）技术标准创新方面

"多热源+环网+大温差+煤、电、气协同发展"的供热格局

将寿光城区附近能够形成供热能力的各种热源通过供热主管网进行连接，由各个热源"分片供热"升级为向"环网供热"，各供热公司从环网按需取热，实现城市供热能源合理调度，形成"一城一网""一网多源"的供热格局，热源之间互为备用，互为补充，互为调剂，系统安全稳定，节能高效。

1）余热回收综合利用

巨能热源中心通过低压缸零出力供热改造与配套建设供热首站，供热能力达到 400MW。晨鸣热源中心利用吸收式热泵机组提取循环冷却水热量，供热能力达到 340MW。后期工程建设可陆续回收其他低品位造纸余热、钢厂余热、污水源、地热、烟气余热等 80MW，节约供热煤耗（图1-21）。

图 1-21　余热回收利用站

2）大温差技术

该项目在设计时，已考虑了大温差技术，后期随着城市供热面积扩容，可在山东省率先配套大温差供热大型机组，电厂能源利用效率大幅提升，供热面积增加50%，管网输配能力提升80%，充分保障供暖质量。

3）高效、低碳能源系统

城区供热形成了安全、高效、低碳的能源系统，实现煤、电、气协同发展。同时，将该项目打造成绿色清洁供热、数字智慧供热的示范性工程，以实际行动助力实现碳达峰碳中和。

4）智慧供热

通过大数据、物联网、人工智能实现智慧供热。采用基于数字孪生模型的源—网—荷—储全过程供热数字化管理，应用室温采集、户端调控及"二网"平衡调节系统，打造物联网平衡产品，实现换热站智能无人值守，高效、便捷解决"二网"失衡问题，降低投诉率及能耗。

5）综合调度配备智慧供热云平台

环网总调度中心采用KingSCADA系统，建设城市级"智慧供热"管理平台，实现供热系统全网时空分析，提升管理水平和效率。综合运用计算机自动监控、变频调速、信息管理、优化调度技术实现源、网、站、户联网联控，形成源、网、站、户的全热网数字化保障，实现首站、管网精准供热，终端用户按需用热（图1-22）。

图1-22 全热网数字化精准供热

（2）管理机制创新方面

通过制定《寿光市热电联产规划（2017—2030）》和《寿光市2019年供热改造方案》按照"政府主导、国企运营、集约高效、长远布局"的原则，利用2019—2020年2年时间，实施市区供热环网建设、运行工作。利用国有资本加强公益性基础设施投入和经营性民生项目的保障。

1.4.4 特点介绍

采用"多热源+环网+大温差+煤、电、气协同发展"的供热格局，由"分片供热"升级为"环网供热"，实现城市供热能源合理调度，形成"一城一网""一网多源"供热格局。寿光市高温水供热大环网主要沿城区外围市政道路敷设，科学合理设置其他清洁能源热力入口及备用热力出口，以满足近远期供热需求。

寿光城区供热以"热电联产+工业余热"为主，其他清洁能源为补充，建立了清洁、安全、稳定的供热系统；煤、电、气协同发展，构建了柔性的能源系统，通过余热综合利用，每平方米的供热能耗由11.8kg标准煤降为2.2kg标准煤。

2025年后形成"常规电厂余热+工业余热+其他清洁能源"的供热模式，通过大温差运行的长输管线向主城区大热网输配（北热南输），利用清洁能源承担调峰负荷，满足远景供热负荷。

1.4.5　推广建议

采用"环网供热",实现城市供热能源合理调度。具有可推广的经验如下:

一是优化热源配置。由热电联产项目承担基本热负荷,热水锅炉承担调峰任务满足供热需求。二是利用一网多源、互联互通,提高系统运行安全性。联网运行后,通过热力主干管网把各个热源统一到一个系统中,热源相互补充。当某一管段发生故障时,其他管段仍可满足大部分用户供热需求。当分支区域用热面积增加时,只需要将此支线与附近供热环网的支线联网,就能满足该区域新增面积的用热需求。三是多热源联网运行统一调度。通过提高运行管理水平,实现计算机自动监控、变频调速、信息管理、优化调度、计量收费等。

1.5 分布式能源——山东省清洁供暖乐家系统

山东省多个村落采用了"太阳能+热泵"的清洁供暖模式,即每户安装 5.5kW 光伏组件与 2 台 2P 超低温空气源热泵冷暖机组,利用"空气能+太阳能"取代散烧煤,从而产生电、暖风、冷气和热水。其中乐家村用户为 1818 户,统计估算 25 年可节约标准煤 98897t,减排二氧化碳 271452t。

1.5.1 案例概况

(1)案例背景

北方农村地区普遍存在清洁取暖运行成本高,供暖投资运行依靠补贴,财政压力大;清洁能源供应保障能力不足;清洁取暖可持续发展长效机制及市场机制不完善的问题。探索市场为主、政府推动、居民可承受的推进模式,完善清洁取暖长效机制是发展要求。

(2)案例实施范围概况

乐家系统是面向新农村建设、充分利用乡镇屋顶资源推出的供暖、制冷、光伏发电综合解决方案。该系统将光伏发电技术与空气源热泵、空气源热风机等高效"电代煤"清洁能源产品相结合,在利用农村地区闲置屋顶资源实现"自发自用,余电上网",为居民带来持久经济收益的同时,也满足了居民对冬季清洁供热的需求,最终实现居民生活水平的改善和提升。以济南乐家村样板工程为例共计改造 1818 户,利用"空气能+太阳能"取代散烧煤,从而产生电、暖风、冷气和热水(图 1-23)。

图 1-23 青岛乐家系统(青岛石庙村、青岛崂山张家河村、济南乐家村)

1.5.2 实施效果

（1）节能降碳效果

济南乐家村1818户采用"5+2+2"乐家系统模式，总装机容量10MW，总投资4000万元。每家每户安装5.5kW光伏组件与2台2P超低温空气源热泵冷暖机组，以分布式光伏发电和空气源热泵高效清洁供热系统替代传统散煤取暖。寿命期（25年）内其节能降碳效果测算见表1-4~表1-6。

25年累计分布式光伏发电环保效益　　　　　　　　　　　　　　表1-4

25年发电总量 （万kW·h）	节约标准煤 （t）	减排二氧化碳 （t）	减排二氧化硫 （t）	减排氮氧化合物 （t）	减排烟尘 （t）
32277	97315	271452	33	49	13

注：按2022年国家火电排放因子及中电联数据修改。

清洁供热环保效益（供暖季120d）　　　　　　　　　　　　　　表1-5

	供热面积 （万m²）	建筑能耗 （W/m²）	供暖总热量 （万kW·h/年）	节约标准煤 （t/年）	减排二氧化碳 （t/年）	减排二氧化硫 （t/年）	减排氮氧化合物 （t/年）	减排烟尘 （t/年）
每年	24	80	3318	10119	28231	4	5	1
合计	—	—	82950	252975	705775	80	125	25

注：系统综合年均COP=2.545。

25年累计乡村振兴乐家系统综合环保效益　　　　　　　　　　　表1-6

节约标准煤 （t）	减排二氧化碳 （t）	减排二氧化硫 （t）	减排氮氧化合物 （t）	减排烟尘 （t）
350290	977227	113	174	38

本项目实施后，寿命期内节约标准煤35万t，减排二氧化碳近98万t，减排二氧化硫113t，减排氮氧化合物174t，减排烟尘38t，切实践行"绿水青山就是金山银山"的发展理念，为生态环境改善作出巨大贡献。

（2）经济与社会效益

乐家系统经济效益分为两部分，其一通过分布式光伏输出的清洁电能并网消纳得以体现；其二为分布式光伏发电系统减排的二氧化碳，根据政策发展，未来可参与CCER（中国核证减排量）交易。项目投产后，年均发电量为1291.09万kW·h，按照全额上网的模式测算，年均实现收益509.85万元，25年总收益12746.25万元，经济效益可观。结合"乡村振兴倍增计划"（每年支出50万元用于基层公共设施投入）实现企业、集体与居民的收益共享，全面推动乡村振兴工作发展（表1-7）。

乐家系统经济收益分析　　　　　　　　　　　　　表1-7

项目位置	安装容量（kWp）	安装地点	并网方式
济南市某镇	10000	山东省	全额上网
投资估算成本（元/W）	总投资（元）	上网电价（元/kW·h）	环保收益（万元）
4	40000000	0.3949	碳交易市场价格
25年总发电量（万kW·h）	平均每年发电量（万kW·h）	25年总收益（万元）	平均每年收益（万元）
32277.29	1291.09	12746.25	509.8514

从企业角度分析：企业可享受光伏发电减排产生的CCER交易收益，按照每千瓦时节约标准煤306.4g计算，二氧化碳排放因子约为0.841kg CO_2/（kW·h）（华北电网数据），分布式光伏系统25年总发电量32277.29万kW·h，减排二氧化碳271452t，按照30元/t的CCER市场交易价格，合计可实现收益814.3560万元，折合每年通过CCER交易收益32.57万元。

从居民角度分析：按照济南市居民电价0.5469元/（kW·h）计算，单日供暖时间为10h，耗电量为17kW·h，供暖季使用成本为9.3元/d。5.5kW光伏发电平均每天发电量为20.55kW·h，供暖季正好满足白天供暖用电需求，供暖季按120d计算，用电量为2040kW·h，剩余电量为5460kW·h。"乐家模式"让居民在冬季免费供暖的同时，获得每年不低于3402元的绿色能源收入。若以政府补贴2.4万元、居民自费1.2万元进行测算，自费部分成本回收期为3.5年。设备寿命期内居民累计收益可达85050元。

1.5.3　主要做法

（1）技术标准创新方面

系统由空气源热泵系统、光伏发电系统、太阳能热水器、供暖制冷末端及控制系统和远程监控平台组成。空气源热泵系统通过逆卡诺循环原理制热产生热水，供至供暖末端实现室内供暖；光伏发电系统产生电力，通过逆变器变成交流电上网，在为空气源热泵系统运行提供电能的同时，余电上网也可以产生收益；太阳能热水器可自主安装，提供生活热水。通过智能控制将三个系统智能整合，形成能源解决方案，满足居民对水、电、冷、暖的需求。能源管理平台实现统一管理、运行监控、数据采集、运维服务（图1-24）。

第 1 章 城市规划布局及基础设施领域

图 1-24 乐家系统形式

1）冷暖电联动

供暖期利用光伏发电驱动空气源热泵运行实现供暖，可满足供暖运行费用；非供暖季采用"自发自用、余电上网"的模式，充分利用屋面空间发电，为居民提供收益；全年使用太阳能热水系统提供生活热水。该系统解决了传统取暖方式能耗高、运行费用高的难题，从"用得上"转向"用得起"（图 1-25）。

图 1-25 冷暖电联动系统

35

2）安全清洁

改变传统燃煤取暖、电直热取暖等方式，系统以太阳能、空气源热泵作为能源提供设备，不仅解决了农村地区冬季无集中供暖、传统取暖方式污染大以及不安全的难题，也降低了一氧化碳中毒的风险。

3）智能控制

采用智能控制系统、无线远传模块、手机控制、远程监控平台等技术，实现远程监控、项目运维、售后服务、数据收集、大屏显示等功能，使能源的使用和管理达到可量化、可视化、智能化，清洁取暖效果一目了然。为项目推荐、政府考察、运维服务、节能减排提供数据支持（图1-26）。

4）安装简洁

水力模块一体化设计，将缓冲水箱、膨胀罐、循环泵、管件等多个零部件设计成为一个整体，占用空间少，整体简洁美观，安装时仅需简单对接即可，连接方便不易出错，省时省力（图1-27）。

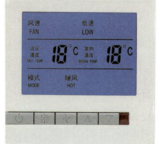

图1-26　热泵主机控制面板　　　　　　图1-27　水力模块

乐家系统将分布式光伏与空气源热泵高效清洁取暖技术相结合，不仅为当地提供了绿色清洁电能，也解决了冬季清洁供热的问题。该系统具有低碳、节能、安全、环保、低成本、可循环、可持续等多重优势，是一种新型的农企共建发展模式（表1-8，图1-28）。

乐家系统与其他系统情况对比　　　　　　表1-8

供暖方式	运行成本	环保	安全	特点
燃煤锅炉集中供暖	中	污染	不安全	供暖时间和温度不能由用户控制，需要专人维护
小型锅炉小区供暖	高	污染	不安全	供暖时间和温度不能由用户控制，需要专人维护
壁挂燃气分户供暖	中	污染	不安全	使用效果受燃气压力影响
传统冷暖空调供暖	中	环保	安全	加热空气干燥，舒适度低

续表

供暖方式	运行成本	环保	安全	特点
空气源热泵供暖	低	环保	安全	无需专人维护，用户可调整供暖时间与温度，节能舒适
乐家系统 （太阳能+热泵供暖）	更低	环保	安全	无需专人维护，智能控制调整供暖时间与温度，节能舒适

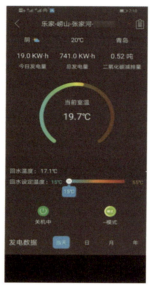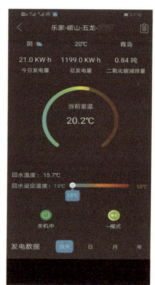

图 1-28　乐家系统运行数据

（2）管理机制创新方面

乐家系统通过"政府+国有经济+企业+集体"四位一体以"共投、共建、共享"的形式规模化推广，实现了"提高农村人口收入，改善农村生活环境，提升居民幸福感"的目标。

1.5.4　特点介绍

乐家系统是面向新农村建设推出的供暖、制冷、热水、光伏发电综合解决方案，充分发挥太阳能和空气源热泵多能互补的优势，利用农村地区闲置屋顶资源实现"自发自用，余电上网"，在为居民带来持久经济收益的同时，也满足了居民对冬季清洁供热的需求，改善了农村居民的生活水平。

分布式光伏、清洁供热与乡村振兴的有机结合，充分发挥了光伏具有长期稳定收益的特点，有利于从就业和创收方面为当地发展提供机会，间接带动了地区其他相关产业的发展。

1.5.5 推广建议

将分布式光伏规模化推广、农村地区清洁取暖与乡村振兴工作有机结合，持续稳定增加集体和农村居民收入水平，不断改善当前农村居民的生活环境和生活水平，为实现乡村全面振兴奠定了良好的基础，也为产业发展提供了良好的营商环境，最终为社会和谐稳定、中华民族伟大复兴作出贡献。

技术层面上将太阳能光热技术、空气源热泵系统技术、光伏发电技术集成，并采用智控平台运行，建设条件普适性强，使用者友好度高、效果好，适合乡村振兴、清洁能源规模化推广。

商业模式上，"就地消纳，余电上网"可以有效缓解初始投资和运行投入的压力，模式成熟。

第 2 章

社区和建筑领域

2.1 零碳社区——上海崇明第十届中国花卉博览会园区

中国花卉博览园（简称"花博园"）采用自建碳中和林，发挥植被固碳的优势效果；最大限度降低材料直接或间接产生的碳排放、降低热岛效应改善园区微气候；进行水资源综合利用、建筑生态设计，改善建筑光环境和热环境；降低综合能耗、室内环境控制维持舒适与节能平衡；应用清洁能源，并进行绿色运营等多项技术，建设成中国首个碳中和园区。通过购买1.3万t中国核证减排量，用于抵消"花博会"期间产生的温室气体排放。

2.1.1 案例概况

上海崇明2021年"第十届中国花卉博览会"（简称"花博会"）是在"庆祝中国共产党成立100周年"背景下，围绕"生态办博、创新办博、勤俭办博"目标，构建"规模最大、档次最高、影响最广"的国家级花事盛会。花博会项目规划范围总面积约10km²，包括：花博园主展区、东平国家森林公园拓展区、配套服务区（北部东平小镇及南部服务区）。其中，花博园主展区承担核心展区功能，东平国家森林公园承担生态保育、花博会辅助展区功能，北部东平小镇及南部服务区承担花博会配套服务功能（图2-1）。

花博园主展区总用地规模约318.24hm²，由主展区和西南拓展区组成。总体规划布局为"一心、一轴、六馆、六园"，包含场馆及配套建筑、园林景观、水系整治、生态造林、花卉培育、布展运营等综合建设工作。园内总体建筑规模约8.7万m²、绿化景观规模13万m²、园内河道水系33.6万m²。依据展示方式分为室内展区与室外展区两种。室内展区包含复兴馆、世纪馆、竹藤馆、百花馆和花艺馆。室外展区围绕"梦花园"核心区

图2-1 第十届中国花卉博览会项目总图

布置，分为东、西两个区域。东侧区域为各省区市、深圳市花卉协会和港澳台地区的室外展区。西侧区域为中国花卉协会分支展区、国际展区和企业展区，用于中国花卉协会分支机构、国际友好城市及企业等室外布展（图2-2）。

图2-2 第十届中国花卉博览会项目俯视图

花博园配套建设项目位于主园区北侧，含三个地块：花博邨、小镇客厅、花博酒店。花博会配套建设项目提供总计超过1000张员工床位、300间酒店标准间、超过30间商务套房、2个大型会议中心、超过5000m² 商业面积（图2-3）。

图2-3 第十届中国花卉博览会项目夜景图

2.1.2 实施效果

（1）节能降碳效果

花博园采用新建碳中和林抵消花博会筹备及收尾阶段产生的二氧化碳排放总量。新建碳中和林产生的碳汇量审定和核证依据国家、上海市应对气候变化主管部门公布的造林/再造林领域温室气体自愿减排方法学进行核算。采用在上海环境能源交易所购买碳排放配额或碳信用，抵销花博会举行阶段产生的二氧化碳排放总量。

筹备阶段、收尾阶段（建造）的碳排放量：23850.2t；

筹备阶段、收尾阶段（建材隐含）的碳排放量：128337.7t；

筹备阶段、收尾阶段（建造+建材隐含）的碳排放量：152187.9t；

举行阶段的碳排放量：12742.8t。

景观植物遵循"适生适种"原则，花博园绿化面积总计约125万m^2，大部分区域采用乔、灌、草复层绿化的形式，预计碳减排能力为120~150t/（hm^2·年）。复兴馆利用太阳能光伏发电系统，预测20年寿命期内，平均每年发电量可达3.5万kW·h，每年可减少碳排放量100t。

实施过程中，项目通过购买1.3万t中国核证减排量，抵销花博会举行阶段所产生的温室气体排放。此外，自建碳中和林通过从空气中吸收并存储二氧化碳，估算至2040年，花博园自建碳中和林的新增净碳汇可达18.2万t，全面抵销因新建主展区、花博会展期运行产生的建材碳、建造碳和运行碳，实现整个花博会筹备、举行和收尾三个阶段的全部碳中和，创建第十届中国花博会碳中和示范园区。

（2）经济与社会效益

截至2020年底，上海人均公园绿地面积达8.5m^2，花博园自建7万多株乔木林，面积约125hm^2，相当于为14.7万人新增公园绿地。

按上海环境能源交易所2021年11月29日至12月3日一周配额交易均价40.5元/t计算，估算至2040年花博园自建碳中和林产生的18.2万t新增净碳汇折合人民币737.1万元。

园区内合理利用雨水进行绿化灌溉，实现场地水资源综合利用，室外景观灌溉节水率达50%，经济效益显著。

2.1.3 主要做法

（1）技术标准创新方面

依托低碳布局、低碳能源、低碳建筑、低碳交通、资源再生等的协调互动，实现对建筑全生命期碳足迹数据的动态度量、延伸控制与溯源核查。

1）自建碳中和林

通过从空气中吸收并存储二氧化碳，并将其固定在林木或土壤中，从而减少大气中的二氧化碳浓度，消纳花博园二氧化碳排放量。运用数字化手段，开发使用"花博会苗木三维信息化管理系统"，对园区7万余棵苗木进行全生命周期管理。并将"BIM+GIS"模型中包含的大量数据信息与二维码等技术融合，实现项目整体数字化。夏季碳中和林的温度可比周边场地降低3~5℃，有效改善园区热岛效应。

2）发挥植被固碳的优势效果

综合考虑场地原有植被景观效果及生态保护最大化需求，划定VSPZs生态保护区，面积达14万m^2，最大化保护场地原有健康植被及土壤，优化场地原有生态环境。景观植物遵循"适生适种"原则，公共区域采用大量本地物种，构建乔、灌、草复层绿化布局，提高场地内生物量密度，保证生物多样性，充分发挥植被固碳的优势效果。

3）最大限度降低材料直接或间接产生的碳排放

为了减少材料运输过程产生的经济成本及交通碳排放，园区60%的建设材料为本地材料。充分利用可循环材料，用量占比达20%（按成本计），如复兴大道上，总长156m的"上海最长观花长椅"是由500多万个利乐包装牛奶盒制成的，体现了资源再生的理念。在材料开采、生产过程中注重对环境和资源的可持续影响，园内产生的园林绿化垃圾全部进行资源化处理并回收利用。

4）降低热岛效应改善园区微气候

园区50%的硬质场地采用浅色铺装或植被遮阴，降低园区热岛效应，改善园区内的微气候环境。采用大量低影响开发海绵设施，增加游客视野中的绿量，实现对雨水的渗透、过滤、处理及管控，避免对土壤生态及地下水环境的破坏，实现年径流总量控制率达到80%。入口大门"超级漏斗"实现雨水回收，中水利用。

5）水资源综合利用

糅合多种技术措施修复花博园区内严重退化的水生态系统，提升水质标准，提高水体透明度。修复后花博园水域面积总计约28万m^2，水面率达10%，实现Ⅲ类水质标准，营造水清景美的生态景观。园区内合理利用雨水进行绿化灌溉，实现场地水资源综合利用，室外景观灌溉节水率达50%。园区首创专属水质控制区，运用沉水植物群落种植技术构建水生态系统，形成"鱼翔浅底、花水相映"的生态水系，同时还能兼顾防汛除涝的水安全问题和水质质量的水环境问题（图2-4）。

图2-4 生态水设计与航拍图

6）建筑生态设计

复兴馆利用其波澜壮阔的屋顶造型，形成了建筑自遮阳，并且在折叠型大屋面上，集中布置了太阳能光伏发电系统，采光天窗一体化设计，充分利用崇明岛较为丰富的日照资源为建筑提供可再生能源。预测20年寿命期内，平均每年发电量可达3.5万kW·h，每年可减少碳排放量100t。世纪馆采用大跨度混凝土壳结构，利用覆土建筑形成先天节能保温性能优势。竹藤馆设计独特的立面造型，创新采用竹钢复合材料，并采用3D打印模板加喷射混凝土施工技术。主入口形似两棵"百年大树"的大门，应用仿生钢结构体系，用钢量可减少三分之二。此外，还使用PVDF膜、变色龙旋转铝板以及外立面自净自洁材料等。

7）改善室内环境降低综合能耗

通过景观设计和建筑竹藤构架使室外近地面空气的温度能在夏季下降0.2~0.6℃。充分采用采光井、天窗和中庭设计，引入天然光线满足公共区域观赏植物生长需求。折纸造型的复兴馆大挑檐屋面，以及玻璃幕墙遮阳构件，可使夏季太阳辐射累计得热量削减70%以上，有助于降低空调能耗。声学方面，项目采用隔声性能好的围护结构以及低噪声的设备和吸声材料。热环境方面，采用优化空调末端风口布局及分区分层控制等措施，营造室内环境热湿舒适性。光环境方面，采用节能型低频闪LED灯具，优选灯具显色指数、统一眩光值等性能，满足展陈及游客生理节律照明要求。

8）清洁能源

上海最大的"渔光互补"示范工程（陈家镇裕安光伏电站）并网供电。复兴馆通过太阳辐射量模拟,以累计辐射量最大区域布置太阳能光伏组件。

9)绿色运营

采取消费者责任核算原则,对建筑全生命期碳足迹全面追踪。展期家具全部采用租赁形式,循环利用。餐具、纸巾等全部采用可降解材料。设立花博会资源循环利用中心,有机废弃物全部生物降解为有机肥料。园区提供新能源公交巴士。

10)土方平衡

本届花博会项目整体规划面积约10km^2,通过将原状和设计模型相叠加,实现基于BIM技术建立原状和设计地形模型进行土方算量。采用三维扫描对原状地形进行数据采集,利用数字高程法理论依据进行土方量计算。在数字化场地模型的基础上,研究以施工便道为主要影响因素,并考虑其他次要因素的多维度动态土方平衡应用,形成规模效应,最终形成了一套土方调配软件,保证了项目的低碳施工,实现花博会整体10km^{2}的土方平衡。

(2)管理机制创新方面

整体协调内外部资源,整合最优秀的资源,利用BIM信息化平台总控等策略,有效推动项目顺利进行。

总控管理策略具体分为以下几方面:(1)明确管理体系,构建管理流程。(2)参与项目投资策划、制定项目包件拆分及招标计划。(3)解析审批政策,优化报批路径。(4)招标合约管理与投资造价控制。(5)严控项目计划与过程风险。(6)细化设计管理,统一设计标准要求。(7)统一项目建设目标,优化过程施工管控。(8)以信息管理为核心,构建高效的信息管理体系。(9)BIM技术辅助决策。(10)新技术的课题研究实现技术突破(图2-5)。

图2-5 第十届中国花卉博览会展区、世纪馆、竹藤馆BIM模型

2.1.4 特点介绍

以"生态办博、创新办博、勤俭办博"为目标,把基于可持续的创新突破放在重要

位置，不但有理念创新，更有持续不断的技术创新、管理创新。

通过自建碳中和林、购买中国核证减排量，花博园全面抵消因新建主展区、花博会展期运行产生的建材碳、建造碳和运行碳，实现整个花博会筹备、举行和收尾三个阶段的全部碳中和，成为中国首个"展期碳中和+园区碳中和"的园区。

2.1.5 推广建议

采用自建碳中和林与购买中国核证减排量相结合的方式，打造健康生态、环境友好的绿色低碳大型展示活动。通过一系列仿生结构体系，将传统的膜结构体系转化为纯钢结构外挂柔性幕墙的结构体系，用现代技术展现出自然界的生态形式；运用数字化手段，开发使用苗木三维信息化管理系统，对园区自建林进行全生命周期管理。将"BIM+GIS"模型的大量数据信息与二维码等技术融合，实现项目整体数字化。大型展会博览项目可以借鉴相关经验，在技术创新、管理创新等方面开展新的尝试。

2.2 零碳园区——青岛绿帆建筑废弃物零碳园

青岛绿帆建筑废弃物零碳园（简称"青岛绿帆"）采用轻物质漂洗、砖混凝土分离技术、粉尘针对性回收利用、骨料分级利用、生产用水循环利用、中水回用系统、雨水收集系统、蒸汽多级利用、海水淡化、余热回收、光伏一体化应用、电动混凝土搅拌车等多种技术打造零碳产业示范园，整个处理过程采用生物质锅炉、光伏发电、多温裂解回收技术，实现再生建材固碳。可处理城市建筑废弃物500万t，100%实现建筑废弃物的资源化和零碳能源利用。

2.2.1 案例概况

青岛绿帆位于青岛市李沧区滨海路36号丙，紧邻胶州湾，在青岛市娄山河污水处理厂西侧；东接环湾路，直通青岛核心城区；南靠胶州湾跨海大桥，直连我国第9个国家级新区——青岛西海岸新区；北接青银高速、青新高速与龙青高速，实现胶东半岛2h交通全覆盖，地理位置卓越，辐射区域广泛，是国家发改委2013年节能重点项目，循环经济和资源节约重大示范项目以及重点工业污染治理工程投资计划之一（图2-6）。

图2-6 青岛绿帆建筑废弃物零碳园区平面图

青岛绿帆项目总投资29240.7万元，占地面积158亩（约10.5万 m^2），打造了500万

t 城市建筑废弃物资源化综合利用项目，每年可生产再生骨料混凝土 120 万 m^3，公路用基层稳定土 60 万 m^3，再生骨料粉煤灰砖 8000 万块，透水路面砖 8000 万块，加气混凝土砌块 40 万 m^3，砂加气混凝土板材 15 万 m^3，再生有机种植土 20 万吨，100% 实现建筑废弃物的资源化利用，构建了建筑废弃物全生命周期循环利用方案。并在此基础上探索了零碳再生技术体系，降低处置再生工艺的全过程碳排放，在产生经济效益的同时，实现环境和社会系统的绿色低碳协同发展。

2.2.2 实施效果

（1）节能降碳效果

青岛绿帆建筑废弃物零碳园区的碳减排效益包括减少建筑固体废弃物处理过程碳排放、建材生产碳排放、生产过程电力消耗碳排放、水资源利用碳排放以及燃油混凝土搅拌车运输过程碳排放等。碳减排量核算以废弃物处理量、建材生产量、电力消耗量、水资源消耗量和燃油消耗量为基础，结合各类资源能源的碳排放因子进行核算。2022 年，项目处理建筑废弃物 260 万 t，通过减少填埋处理减少二氧化碳排放 137 万 t，项目年节约天然骨料砂石 210 万 t，节约填埋土地 312 亩（约 20 万 m^2），减少对周边 1600 余亩（约 106.7 万 m^2）土地和地下水源的污染，大大缓解砂石过度采集现象，改善环境污染现状，保护自然生态环境，环境效益显著。

（2）经济与社会效益

青岛绿帆项目运营过程的主要成本包括外购原材料和燃料动力、员工工资福利、折旧摊销、维修以及其他营业管理费用等，达产后每年总成本费用为 56725.4 万元。根据生产规模，达产后每年销售收入为 65100 万元，除去税金，运营期内平均年利润总额为 7501.2 万元，总投资收益率为 19.7%，税前财务内部收益率为 26.9%，高于 12% 的行业基准收益率，各项财务指标良好。

本案例通过回收城市建筑废弃物，使垃圾"变废为宝"，确保了建筑废弃物 100% 实现资源化利用。加工过程实现了"零"排放，是典型的资源综合利用项目，其实施可提升青岛市循环经济的发展水平，对提高所在地区的生态环境水平、节约土地和地下水资源都具有重要作用。

2.2.3 主要做法

（1）技术标准创新方面

1）零废弃物

青岛绿帆项目的处理再生工艺以精细化利用为原则，探索了高分离率的废弃物分离技术和砖混凝土碎块与泥浆的资源化利用技术。不同级别的骨料用于生产原材料强度要求不同的建材产品，红砖骨料用于生产强度要求低的建材；混凝土破碎料一部分用于生产强度要求高的建材，例如水泥稳定级配碎石，另一部分经强化处理后用于生产C30要求以下的混凝土，从而保证了废弃物的利用率和再生建材产品的质量。同时，生产过程中不仅实现了建筑固体废弃物的处置、回收和利用，还将生产过程中产生的粉尘进行了针对性利用，实现了全过程、全物质的100%回收利用。粉尘回收通过随机取样监测的方式，将二氧化硅含量高的粉尘作为掺合料用于混凝土、墙板生产，含量低的粉尘用于粉煤灰蒸压砖和路基材料的生产。同时，为了控制建筑废弃物原料的均匀性，在建筑废弃物分类回收技术处理的基础上，通过组合利用不同形式的破碎设备、分级设备和均化设备，改善建筑废弃物颗粒的形貌、级配和均匀性，形成两大类产品：普通再生骨料和再生骨料。

2）中水生产+雨水回用

为了满足生产过程中大量用水的需求，从开源和节流两个途径实现了水资源的集约利用（图2-7）。将生产过程中产生的废水进行场内处理后再循环利用，并回收清洗骨料废水中的泥沙，用于生产快干、高强防水的水泥稳定级配碎石，或与红砖骨料混合生产粉煤灰蒸压砖。中水用于生产，有机废弃物用于生产有机肥料或种植土。园区内设计了雨水收集系统，各单体建筑物雨水排放采用无组织排水，基地沿道路设置雨水沟，收集地面径流，经处理后用于生产。绿化灌溉采用节水灌溉方式，并采用仿石透水路面板，利用结构性透水技术解决北方地区透水混凝土因季节温差大所产生的问题。

图2-7　雨水收集渠、透水地面和节水灌溉技术应用图

3)可再生能源技术体系

青岛绿帆项目在厂房建筑屋顶以及南立面铺设了光伏板,并进行建筑光伏一体化设计,装机总容量为 6MW,发电总量可解决生产和照明的用电需求。同时,场内所有的混凝土搅拌车都使用电动车,利用厂区内光伏绿电进行充电,并作为光伏系统的移动储电设备,增强园区的柔性用电。在二期建设过程中,将整个建筑立面装饰及亮化与光伏进行一体化设计,进一步提升光伏一体化设计水平。

对生产过程产生的废蒸汽、废热进行梯级利用。首先,将排放的一次蒸汽用于磁悬浮发电,二次蒸汽用于混凝土预制件蒸氧室以及海水淡化系统,产生的高温淡化水一方面可为附近的居民提供热水和供暖服务,另一方面可经蒸汽发生器变成高压蒸汽,用于生产板材和粉煤灰蒸压砖。其次,为生物质锅炉设计了烟气余热回收系统,在烟囱内增加海水循环系统,利用余热预热海水,并将烟气降至 40℃,实现了无色、无热、无味的烟气排放,从而避免了过热烟气排放导致的热岛效应。

4)再生建材产品创新

为了提高再生混凝土性能,青岛绿帆项目利用颗粒整形强化的再生骨料,采用多元复合技术,提高了再生混凝土的力学性能和耐久性,制备出了高性能(坍落度在 180mm 以上,强度、收缩性、抗碳化、抗渗性、抗冻性等性能良好)的 C40~C70 再生混凝土,实现了高性能再生混凝土的生产应用,技术成果达到国际先进水平。

以粉煤灰为主要硅铝质材料、用建筑废弃物粉体作为新型硅铝质材料部分替代粉煤灰,石灰和水泥为钙质材料,石膏为调节剂,铝粉为发气剂,研制开发建筑废弃物粉体加气混凝土。通过原材料质量控制、配合比优化、采用振动加压成型工艺和蒸压养护工艺提高制品的性能以及建筑废弃物的利用率。制得的加气混凝土制品干密度等级为 B06,抗压强度最高为 3.69MPa,最低为 2.88MPa,符合《蒸压加气混凝土砌块》GB/T 11968—2020 中 B05 级合格品的要求。

以建筑废弃物、粉煤灰、电石渣或脱硫石油焦渣等为原材料,采用蒸压养护工艺制备的再生砖,建筑废弃物的用量达到 50%~65%。该产品不仅具有建筑废弃物消纳量大的特点,还可以消耗其他工业废渣,在不使用水泥和石灰的情况下可以制备出性能优良的绿色环保墙体材料(图 2-8)。

(2)管理机制创新方面

青岛绿帆从传统的"以产品为中心"转变为"以人员为中心";将"管理人员的行政命令+员工的被动执行"的管理模式转变为"蜘蛛网式"的管理方法;将互联网与智能

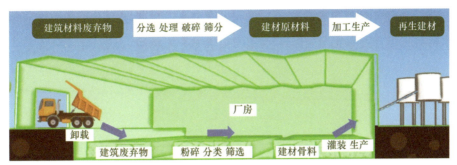

图 2-8　生产工艺流程简图

设备植入生产线,在各个部位架设远程控制系统及传感器,可以通过移动设备、电脑等智能终端进行实时信息采集和控制,让各使用者随时随地把握公司产品质量,确保生产和销售环节信息交流及时无纰漏,及时调整公司策略,避免不必要的损耗。

2.2.4　特点介绍

本案例通过回收城市建筑废弃物,使垃圾"变废为宝",确保了建筑废弃物100%实现资源化利用。将碎砖瓦加工后制成蒸压砖,将废旧混凝土加工成生产混凝土的再生骨料,并生产加气混凝土砌块、加气混凝土板材、混凝土和公路用基层稳定土,加工过程实现了"零"排放,是典型的资源综合利用项目。建设过程,秉承节能低碳理念,实现再生建材固碳,减少土地浪费、碳排放、环境污染,缓解青岛地区对新型建材的需求压力。

通过系统性研究建筑废弃物的分类回收技术和再生原料的预处理技术,提出了建筑废弃物的全组分循环利用技术体系。实现了废弃物的充分处置和回收,从原材料上保证了建材产品的质量。重点技术包括光伏发电、多温裂解回收、海水淡化、蒸汽多级利用、雨水收集、水资源梯级利用、纯电动运输车等。此外,建筑废弃物零碳园区内,雨水回收率达到100%,余热回收率达到90%。

2.2.5　推广建议

园区建材加工过程采用建筑废弃物全组分循环利用处理工艺,通过对城市建设和项目改造带来的大量原材料进行分类回收,制作成建材所需的粗骨料、细骨料、微粉等,并加工成各种再生建筑材料,再运用到城市建设中,有效实现了建筑废弃物全生命周期的循环利用。同时,根据项目建设条件和周边需求,配套建设海水淡化系统、光伏一体化应用系统等;结合周边的污水处理厂,充分利用处理污水产生的中水进行废弃物的处置再生，进一步降低生产过程中带来的大量污染排放，保护了所在地的环境，节约珍贵的地下水资源，优化资源能源的循环利用方式。

2.3 产能建筑——中国建筑科学研究院光电示范楼

中国建筑科学研究院光电示范楼以建筑与光伏深度融合、净零能耗、净零碳排放为目标，将建筑与光伏有机融合，开展多类型建筑光伏一体化技术综合实验，探索"光储直柔"新技术，示范太阳能零碳建筑技术路径。按照设计方案与初步运行数据，光电建筑在满足自身能耗之余净产能量可达20%。

2.3.1 案例概况

中国建筑科学研究院光电示范楼（简称"光电建筑"）位于北京市朝阳区北三环东路30号，示范面积3000余平方米，主楼地上2层，为既有建筑改造项目的光伏建筑，主要用于办公和会议，约180名办公人员（图2-9）。

原中国建筑科学研究院空调楼建于20世纪70年代，建筑类型为公共建筑，用地面积为1690m^2，建筑面积约为2850m^2，建筑结构为砌体结构，主要功能为会议室、办公室等，建筑主体部分共2层，局部为1层。项目自2018年起，以国家重点研发计划国际能源署合作项目、中瑞政府间零碳建筑合作项目等科研成果为基础，深化、完善相关实施方案，并于2021年7月开工，2021年12月15日正式落成。光电建筑是中国建筑科学研究院继近零能耗示范楼和未来建筑实验室之后，基于建筑节能和可再生能源利用领域研究成果打造的集科研、展示、体验等功能于一体的建筑环境与能源系统综合实验平台，是建筑零碳技术的创新实践。

图2-9 光电建筑外景

光电建筑设计定位为面向中国建筑节能技术发展的核心问题,研究光伏建筑、产能建筑,集成展示世界前沿的建筑节能和绿色建筑技术,力争打造为中国建筑节能科技未来发展的标志性建筑。

2.3.2 实施效果

(1)节能降碳效果

光电建筑光伏系统总装机容量234.9kWp,年发电量约20万kW·h。2022年1月1日至2022年12月30日光伏系统发电量达217043kW·h,逐月发电量统计数据如图2-10所示。建筑上半年用电量为121204kW·h(不含供暖),实现产能量大于耗能量。

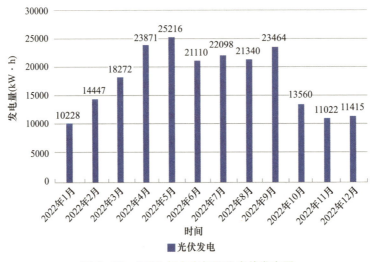

图2-10　2022年上半年逐月光伏发电量

按照华北区域电网二氧化碳排放因子为0.8843kg CO_2/kW·h进行计算,基于实际情况,光电建筑每年的二氧化碳减排量最高可达160.8t,折合单位建筑面积约53.6kg。按照光伏系统使用寿命为25年计算,单位建筑面积二氧化碳总减排量约为1.34t,如果在民用建筑上推广应用,节能降碳潜力巨大。

(2)经济与社会效益

由于光电建筑为既有建筑更新工程,结构改造成本较高,改造成本约为230万元,单位建筑面积成本约为766元。建筑光伏发电系统年发电量达20万kW·h,每年可节约电费约16万元,此外,北京市对于分布式光伏系统的补贴约6万元/年,光电建筑年收益约22万元,相关成本可在10年左右回收。如果在新建建筑中推广,建筑光伏系统成本下降约 20%，相关成本可在 8 年内回收，经济效益更加显著。

光电建筑实施完成后，率先在同类建筑中实现净零能耗、净零碳排放目标，在满足自身能耗之余净产能量可达 20%，达到国内同类建筑领先水平。光电建筑为既有建筑进行零碳改造提供新思路、新技术，其成功实践在线施工理念，以最小干扰实现既有建筑的光电改造，达成零碳排放目标。同时，光电建筑探索未来建筑新能源系统"光储直柔"技术体系，成功建成"光储直柔"示范系统并开展相应研究，为未来相关技术的进一步完善与推广提供技术支撑。最终助力建筑领域双碳目标实现。

2.3.3 主要做法

（1）技术标准创新方面

为实现光电建筑、净零能耗、净零碳排放、在线实施的整体目标，工程以建筑光伏深度融合的设计方案，打造建筑光伏产品与系统综合实验平台，创新建筑光伏一体化关键技术，示范"光储直柔"系统，在实现建筑产能的同时，集中展示研究光电建筑关键技术，打造集科研、展示、体验等功能于一体的综合实验平台。

1）建筑光伏深度融合的整体设计方案

在建筑设计方面，项目组从传承历史文化、展现现代绿色技术的设计理念出发，在保留原有砖墙的同时，将建筑与光伏有机融合，通过精确设计光伏面积，不仅满足了发电量需求，也保留了历史记忆，实现了建筑设计理念的建筑光伏新融合。与此同时，利用屋面、立面的光伏组件实现遮阳效果，并更换高性能门窗，降低建筑本体能耗，进一步结合光伏发电系统，实现建筑净零能耗乃至产能（图 2-11 和图 2-12）。

图 2-11　建筑原貌

2）建筑光伏产品与系统综合实验平台

在光伏系统设计方面，项目组为光电建筑光伏发电系统选用了单晶硅、薄膜、透光光伏玻璃等多种组件，总装机容量234.9kWp，分为10个子系统单独计量。除满足发电需求之外，还将形成建筑光伏产品与系统综合实验平台，开展多类型组件发电性能对比

图2-12　改造后建筑外观

研究，如不同朝向、安装倾角下光伏和建筑结合的发电与热工性能，自然降尘降水条件下发电性能等，为建筑光伏技术规模化应用建立数据支撑（图2-13）。

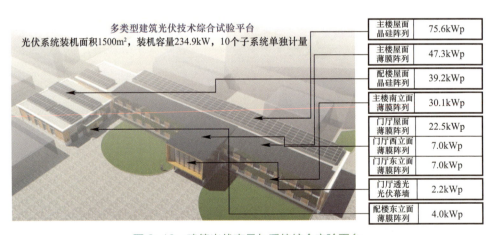

图2-13　建筑光伏产品与系统综合实验平台

3）建筑光伏一体化关键技术

在建筑光伏一体化方面，光电建筑应用了开发完成的多项关键技术，包括南立面采用51.6m²既能透光也能发电的光伏幕墙，在立面光伏组件背板安装温度传感器开展热工性能试验，确保建筑立面光伏应用安全。在建筑安全方面，由于原结构体系为砖混结构，

续表

屋面采用预制混凝土板，承载能力有限，不能直接将光伏基础按光伏厂家的需求随意受力于屋面板上。结合光电建筑的具体特点，在承重砖墙上每隔一定的间距增设混凝土基础，基础顶部增设钢梁，用于光伏架生根；立面则采用红砖砌体墙局部掏洞浇筑楔形混凝土固定预埋板，用于墙面光伏支架生根（图2-14），从而确保砖混建筑加光伏的结构设计更加安全。

图2-14　既能透光也能发电的光伏幕墙

4)"光储直柔"集成示范

在新技术示范方面，光电建筑二层建立了"光储直柔"示范区域，集成光伏发电、储能蓄电、直流供电、柔性用电，自行开发完成智能调控系统，实现光伏产能优先本地消纳，多余产能为周边建筑灵活供电，提高供用电协调性及光伏降碳贡献率（图2-15）。

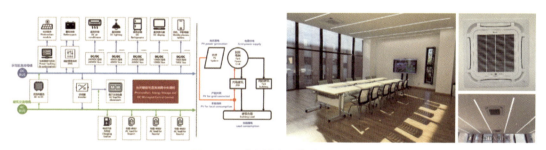

图2-15　"光储直柔"集成示范

（2）管理机制创新方面

为实现高效管理，光电建筑自主开发了建筑能源管理与调控平台，对建筑光伏产能、分项用电、集中供热等用能情况实时监测、控制和管理。此外，还集成了建筑产能与储能、直流与交流双母线微网间灵活控制与调度功能，确保建筑能源系统稳定、高效运行（图2-16）。

图 2-16　建筑能源管理与调控平台

2.3.4　特点介绍

中国建筑科学研究院光电示范楼依托光伏幕墙光伏遮阳，打造净零能耗、净零碳排放建筑，开展多类型建筑光伏一体化技术综合实验，探索"光储直柔"新技术，示范太阳能零碳建筑技术路径。

按照设计方案与初步运行数据，光电建筑可实现单位建筑面积年产能量 67kW·h，在满足自身能耗之余净产能量可达 20%，达到国内同类建筑领先水平，实现净零能耗、净零碳排放和净产能的设计目标。引领建筑从用能迈向产能，助力城市绿色低碳新发展。

2.3.5　推广建议

深入挖掘建筑自身光伏应用潜力，创新建筑光伏应用形式，科学结合建筑本体性能优化，可再生能源应用、新型建筑电力系统等技术，将建筑与光伏有机融合，开展多类型建筑光伏一体化技术综合实验，探索"光储直柔"新技术，示范太阳能零碳建筑技术路径。为建筑低碳、零碳发展提供了新思路、新技术，推动建筑由用能迈向产能，引领建筑节能、绿色、低碳技术发展新方向。

2.4 零碳建筑——沈阳建筑大学中德节能示范中心

沈阳建筑大学中德节能示范中心（简称"示范中心"）以"被动式技术优先、主动式技术辅助"为原则，采用严寒和寒冷地区高性价比、高装配率、高节能率的建筑节能技术。建设过程采用"装配式施工方式＋智能管控系统"辅助全过程管理。运行期间，示范中心的建筑相对非节能建筑供暖供冷系统节能率达到了87%，单位面积碳排放2.81t CO_2/m^2，相对65%标准常规公建减少了33.8%。

2.4.1 案例概况

示范中心建筑面积1600m^2，共三层，其中地上二层面积1040m^2，地下一层面积560m^2。首层为接待与展示功能空间，二层为科研办公和能耗管控与监测机房，地下室为各类机房空间和交流活动区。示范中心以"被动式技术优先、主动式技术辅助"为原则，全面展示了被动式低能耗建筑设计理念和绿色建筑集成技术的系统结合，实现了严寒地区超低能耗绿色建筑的设计目标。目前，示范中心已经获得我国绿色建筑三星级标识、我国第一批被动式超低能耗建筑标识，以及德国能源署"使用德国创新节能解决方案"奖（图2-17）。

图2-17 沈阳建筑大学中德节能示范中心（模型与实景）

2.4.2 实施效果

（1）节能降碳效果

示范中心作为辽宁省首例被动式超低能耗示范建筑，其全年暖通空调和照明总能耗与非节能建筑能源需求相比减少约80.1%。与按照《公共建筑节能设计标准》GB 50189—2015的建筑比，节能52.6%。根据实际监测制冷季3个月，制冷系统能耗6669.7kW·h，供暖季5个月，供暖系统能耗22851.3kW·h，全年实际供暖空调系统总能耗46500kW·h，示范中心供暖制冷能源消耗约为29.1kW·h/(m^2·a)，参照建筑供暖制冷能源消耗约为225.3kW·h/(m^2·a)，示范中心建筑节能率达到87%。

根据《近零能耗建筑技术标准》GB/T 51350—2019，采用生命周期评价理论对示范中心进行碳排放核算，得到运行阶段碳排放为4493.4t CO_2，单位面积碳排放为2.81t CO_2/m^2，对比65%标准常规建筑单位面积运行碳排放（4.25t CO_2/m^2），示范中心建筑运行阶段碳排放减少约33.8%。

（2）经济与社会效益

经济效益分析主要包括初投资分析和运行费用分析两方面。

1）初投资分析

分析示范中心能源系统的节能经济性，需要与常规地源热泵系统、"冷水机组＋市政热网"系统"冷水机组＋燃气锅炉"系统进行初投资费用对比分析。通过表2-1可知，示范中心能源系统相对于传统地源热泵系统初投资增加8.5万元；相对于"制冷机组＋市政热网"系统初投资增加2万元；相对于"制冷机组＋燃气锅炉"系统初投资增加6.5万元。所增加费用的比例占原有总投资的4%～18%。

系统初投资对比（单位：万元） 表2-1

设备	节能系统	地源热泵系统	"制冷机组＋市政热网"系统	"制冷机组＋燃气锅炉"系统
制冷主机	15	20	20	20
燃油锅炉	—	—	—	20
地下换热埋管	15	20	—	—
并网费	—	—	24.5	—
冷却塔	—	—	1.0	1.0
板式换热器	—	—	1.0	1.0
相变水箱	6.5	—	—	—
PVT装置	12	—	—	—
合计	48.5	40	46.5	42
增加投资	—	8.5	2.0	6.5

2）运行费用分析

根据沈阳当地气象条件相关资料，确定了机组的启停工况和运行时间。沈阳地区供暖季从第一年 11 月 1 日开始至第二年 3 月 31 日止，共计 151d，其中 12 月 12 日至 1 月 10 日，共计 30d 选用严寒模式运行，供暖期最初 41d 和最后 80d 采用"相变水箱蓄热 + 供热"模式，严寒 30d 采用地源热泵机组直接供热模式。各种模式在夏季所采用的制冷方式原理和方法一致，所消耗的电量也差别不大，为加强研究的针对性，只对冬季运行费用进行比较，并将冬季运行费用的差别作为全年运行费用的差别。由于当地没有峰谷电价政策，用电价格均为 0.5 元 /（kW·h）。相关设备运转功率和费用见表 2-2。

相关设备运转功率和费用　　　　　　　　表 2-2

工况	单日供热量（kW·h）	单日电耗（kW·h）	单日费用（元/d）	运行时间（d）	运行费用小计
相变水箱蓄热 + 供热	120	78.3	39.15	121	4737.2
地源热泵机组直接供热	357.6	65.3	32.25	30	967.5
维修调试	—	—	—	—	200
合计				151	5904.7

供暖季总耗电量为 11433.3kW·h，建筑单位面积功能能耗为 7.44kW·h/（m²·a）。地源热泵系统因机组性能类似，供暖所消耗电费与节能系统相同，亦为 5904.7 元。根据沈阳地区供暖费征收标准 23.5 元 /m²，供暖面积为 1537m² 的示范中心应缴纳供暖费 36119.5 元。利用燃气锅炉供暖时，小型燃气锅炉的效率应在 75% 左右，低位热值为 18.81MJ/Nm³，供应 25368kW·h（约合 2.18×10^{10}kcal）热量所消耗的天然气为 6473.5Nm³，沈阳当地天然气价格为 3.3 元 /Nm³，燃气锅炉供热的运行费用为 21362.6 元，循环输泵供暖季运行费用 1500 元，所以采用燃气锅炉的供暖费用为 22862.6 元。系统投资回收期对比见表 2-3。

系统投资回收期对比　　　　　　　　表 2-3

设备	节能系统	地源热泵系统	"制冷机组 + 市政热网"系统	"制冷机组 + 燃气锅炉"系统
年运行费用	5904.7	5904.7	36119.5	22862.6
运行费用增加值	—	—	30214.8	16957.9
增加投资	—	85000	100000	65000
投资回收期（年）	—	—	3.31	3.83

通过以上分析，统计不同工况的运行费用和初投资增加值，并计算投资回收期，示

范中心的节能系统相比"冷水机组+热网"系统和"冷水机组+燃气锅炉"系统有明显经济优势，投资回收期分别为3.31年和3.83年；然而相对地源热泵系统，经济效益不明显。但是，采用双热源泵系统，能够保证土壤的热平衡，有助于系统长期稳定运行。

案例积极推动可再生能源系统在建筑领域的高效利用，筛选出近零能耗建筑适用的可再生能源与蓄能耦合系统匹配模式，提出耦合系统高效优化运行控制策略，建立高效低耗的可再生能源供能系统，为指导可再生能源及蓄能技术在近零能耗建筑中的应用提供了理论与技术支撑。

2.4.3 主要做法

（1）技术标准创新方面

1）被动式技术优先

在设计之初为实现超低能耗的设计目标，严格控制了建筑节能相关设计参数，经模拟优化后，确定建筑体形系数为0.22，各方向窗墙面积比分别为南向0.29，北向0.16，东、西向均为0.11，屋顶天窗面积比为12.7%。在围护结构保温技术方面借鉴德国被动房的设计要求，即非透明外围护结构（外墙、屋面、地面）的平均传热系数达到$K \leq 0.15W/(m^2 \cdot K)$，外窗的传热系数达到$K \leq 0.8W/(m^2 \cdot K)$，建筑气密性通常满足$n \leq 0.6$，即在室内外压差50Pa的条件下，每小时的换气次数不得超过0.6次。由于绿色建筑与德国被动房的设计要求和理念存在较大差异，因此，在建筑设计中充分考虑沈阳严寒地区的气候条件和建筑使用性质，将两个目标结合，以实现严寒地区超低能耗绿色建筑为最终的设计目标。为使示范中心设计节能率达到80%以上，经多次计算机模拟，围护结构设计传热系数最终确定为：非透明外围护结构（外墙、屋面、地面）的平均传热系数$K \leq 0.12W/(m^2 \cdot K)$，围护结构透明部分的平均传热系数$K \leq 0.8W/(m^2 \cdot K)$，天窗的平均传热系数$K \leq 0.9W/(m^2 \cdot K)$。

① 屋顶与天窗

屋面保温采用300mm厚的挤塑板，每层100mm厚，分三层错缝铺设，设计传热系数为$0.1W/(m^2 \cdot K)$。天窗窗框为铝包木制明框，铺设于钢屋架之上，透明部分为三玻窗［5mm钢化Low-E玻璃+12（A）真空+5mm钢化Low-E玻璃+9（A）充氩气夹胶+5mm钢化Low-E玻璃］，整体天窗传热系数$K=0.90W/(m^2 \cdot K)$，可见光透射比≤ 0.4。天窗玻璃间的钢屋架采用内外两侧包憎水岩棉保温材料，以减小钢骨架的热桥影响。

② 外墙

示范中心东、北、西向外墙采用200mm厚的砌块加两层各140mm厚的石墨聚苯板外保温，石墨聚苯板导热系数$\lambda=0.035W/(m·K)$。石墨聚苯板采用四边双道企口缝拼接，两层石墨聚苯板错缝铺设，最大限度地减少热损失。南向外墙采用砌块加A级防火的憎水岩棉板，两层错缝敷设共300mm厚，憎水岩棉板导热系数$\lambda=0.039W/(m·K)$，憎水率为99.8%。

③ 外门窗

示范中心外窗采用三层Low-E玻璃，玻璃间充氩气 [5mm钢化Low-E玻璃 + 16（A）充氩气 + 5mm钢化Low-E玻璃 + 16（A）充氩气 + 6mm钢化Low-E玻璃]，三玻窗传热系数为$0.7W/(m^2·K)$，玻璃间隔条采用非金属间隔条（图2-18）。玻璃的太阳能总透射比$g≥0.45$。窗框为塑料型材，填充高性能发泡保温芯材，整窗的传热系数达到$0.8W/(m^2·K)$，外窗的气密性为8级。南侧落地窗和透明外门采用铝合金框料，玻璃的选择与外窗相同，传热系数为$0.9W/(m^2·K)$。外门的气密性同为8级。

图2-18 三玻窗展示图

④ 地下室

示范中心地下室层高4.2m，地下部分3.0m，主墙面外贴100mm厚的挤塑聚苯板，分两层错缝铺设，地下室外墙设计传热阻$R=3.21(m^2·K)/W$。为增强近地面处地下室外墙保温性能，墙脚部位在挤塑板保温层外侧增设110mm厚的泡沫玻璃砖保温层，泡沫玻璃砖导热系数$\lambda=0.05W/(m·K)$，其外侧做100mm厚的保护墙。地下室地上部分1.2m，设计传热系数$K=0.15W/(m^2·K)$，其构造与外墙面相同。地下室钢筋混凝土底板上铺挤塑板，设计传热阻$R=3.61(m^2·K)/W$。

⑤气密性

示范中心采用德国被动房外窗设计安装工艺,通过改变外窗安装位置及构造连接方式、采用防水密封材料和金属窗台板,加强外门窗的保温、防水和气密性能。为加强外窗与墙体之间的连接紧固程度,示范中心在门窗洞口四周均设计了钢筋混凝土构件,用以和外窗固定。窗框与窗洞口之间的缝隙填充自粘性的预压自膨胀密封带,窗框与外墙连接处采用防水隔汽膜和防水透气膜组成的密封系统。室内一侧采用防水隔汽膜黏结于窗洞口内,室外一侧采用防水透气膜黏结于结构墙体外侧,在构造上强化了窗洞口的密封与防水性能。在外窗的外侧粘贴保温层,压住室外一侧防水透气膜。窗台板采用2mm厚的铝板,板下满涂聚氨酯压盖在保温层上方。

2)主动式技术辅助

为充分发挥示范中心在沈阳建筑大学校区建筑相关专业教学方面的示范目的,示范中心应用我国三星级绿色建筑设计要求的建筑技术和适当的创新技术,在被动式技术优先的前提下,采用相应的主动式技术作为补充。

双源热泵与相变水箱供暖系统(图2-19)。示范中心采用空气源—地源双源热泵系统,利用可再生能源提供冷热源。建筑南侧地上部分外墙外侧悬挂太阳能光伏板和双层玻璃相间的幕墙系统,幕墙系统与墙体之间围合密闭形成空腔,在冬季白天利用太阳辐射得热加热空腔内的空气,通过与空腔顶部连接热泵机房的管道,将空腔内的高温空气送至空气源热泵机组,提取高温空气中的热量加温热水,再将换热后的低温空气通过风管送回至幕墙空腔底部再循环加热。热电联产幕墙如图2-20所示。

在地下室设有相变水箱,以石蜡为相变材料,相变温度为46℃。水箱中石蜡采用不锈钢管封装,占整个水箱体积的15%,水箱的蓄热量为137.12kW·h,水箱蓄热能力略

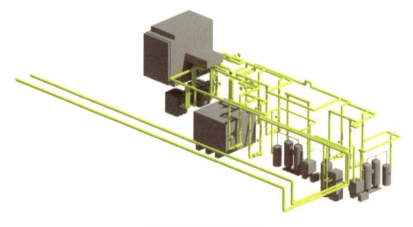

图2-19 设备管道图

图 2-20 南向太阳能热电联产幕墙系统

大于夜间所需供热量。白天阳光充足时，吸收幕墙空腔内空气热量，既为建筑供暖，同时也将热量蓄存在水箱中；夜间热泵机组关机，仅依靠相变水箱供热（图 2-21）。

图 2-21 热泵机组及相变水箱

在幕墙空腔顶部和底部各设有三组电动百叶，作为与室外环境联系的开口，用以组织空腔内的自然气流。夏季，幕墙空腔底部和顶部的百叶全部打开，利用热压和自然通风将空腔内的热空气排到室外。示范中心夏季空调负荷主要通过土壤源热泵提供，在下沉庭院上方的绿地范围内，共有 20 眼 100m 深的地源热泵管井，利用浅层地热资源作为冷热源进行能量转换。

地道新风及排风余热回收系统。示范中心的新风采用地道风系统，通过地埋管对新风进行预冷、预热，同时，设计热回收型新风机组，将室内排风中的冷、热量与新风进一步交换，回收效率可以达到 72%，以此减少新风的制冷、制热能耗。

可再生能源系统。示范中心共计建设光伏屋顶系统及光伏幕墙系统37.37kW，其中屋顶光伏系统组件安装面积144.97m^2，采用多晶硅太阳能电池组件，其光电转换效率为15.3%；光伏幕墙部分铺设组件面积为144.92m^2，采用双玻中空单晶硅组件，转换效率为18%。按1200h/年的有效时间计算，每年总发电量可以达到45000kW·h，为示范中心提供约30%的用电能耗。

中水系统与节水灌溉。示范中心应用雨水和中水回收利用技术，经过回收处理后的水主要用于绿化浇灌、太阳能板清洁和卫生间清洁。预计全年可以收集雨水和中水共996.53m^3，示范中心全年总用水量为1626.62m^3，非传统水源利用率可以达到61.3%。示范中心绿化采用滴灌和喷灌相结合的节水灌溉方式，对于灌木，采用小管出流灌水器的滴灌方式，将水直接浇灌到植物根部，提高水的利用率；对于大面积的草坪，采用辐射式喷头的微喷灌方式，将水均匀地喷洒到草坪区域。

（2）管理机制创新方面

示范中心供暖制冷系统、新风系统和水系统的运行工况，建筑的室内环境质量和能源消耗情况都由智能控制系统进行实时监控和分项计量，同时，智能控制系统可以针对监测结果，及时做出反应，控制设备的运行状态。

智能控制系统对建筑室内环境的监控主要表现在温度和空气质量两个方面，空气质量的主要监测对象有室内CO_2浓度、甲醛浓度等。当室内环境达到舒适标准时，每个房间的空调末端和建筑的新风系统末端停止运行；当建筑整体达到舒适标准时，地下室的热泵和新风机组停止运行。在保证室内良好环境的同时，降低空调系统能耗。

（3）经济合理性方面

示范中心较常规建筑，由于其采用了低碳环保材料，如光伏幕墙、各种聚合物板材的保温隔热材料、改性沥青防水材料、涂料等，造成了前期投资偏大，也正是因为采用了低碳、节能材料，在运行期间，示范中心的建筑节能率达到了83.4%，单位面积碳排放降低了71.6%。从建筑可持续发展方面来说，示范中心的经济效益是非常可观的。另一方面，随着示范中心的投入使用，对严寒地区近零能耗建筑的推广也起到了良好的示范作用，带动了低碳经济的发展。

2.4.4 特点介绍

示范中心作为东北地区第一栋绿色三星建筑，采用"被动优先、主动优化"的理念，在运行期间，建筑节能率达到了83.4%，单位面积碳排放降低了71.6%。从碳减排以及碳中和方面来说，利用多种可再生能源和蓄能等技术，克服了单一能源利用时存在的不足，较大地改善了可再生能源在时间和空间上的不匹配问题，提高了蓄热系统效率与可再生能源的利用率，减少了传统能源的消耗，是实现建筑领域节能减排的重要举措，有助于我国"双碳"目标的实现。

从技术创新方面来说，示范中心采用的技术体系为严寒和寒冷地区高性价比、高装配率、高节能率的建筑节能技术提供了创新型的技术示范。一方面，采用装配式施工方式，施工速度更快，且能达到同样的保温标准；建造成本比装配式钢筋混凝土造价低15%~25%；建筑预制装配率可达60%~75%；示范中心创造了更好的人居环境，冬季使用热泵供暖，保证室内温度在20℃。另一方面，示范中心采用智能控制系统，对室内外环境、围护结构温度梯度变化、建筑电耗和水耗、智能照明等逐时记录，并反馈至楼控系统，自动切换设备运行工况模式，管理模式更加成熟。

2.4.5 推广建议

严寒地区办公建筑可以在满足室内舒适度标准的同时，实现近零能耗的目标。具体实施建议：基于"被动式技术优先，主动式技术辅助"的基本节能设计原则，因地制宜地采用被动式技术，使供暖和制冷能源需求最小化，再用主动式技术满足能源需求。这是实现严寒地区建筑节能的主要技术策略，也是下一步探索严寒地区近零能耗建筑设计及实践的主要发展方向。

2.5 零碳建筑——高碑店市列车新城

高碑店市列车新城采用绿色智慧、海绵城市理念和近零能耗建筑技术体系，综合运用数字智慧技术、生态自然修复技术、新能源技术等。不同于常规建筑通常采用的框架剪力墙结构，该项目采用的是全现浇钢筋混凝土外墙。项目年减排二氧化碳约5970.5t。

2.5.1 案例概况

高碑店市列车新城一期项目为新建住宅小区，位于高碑店高铁新城核心地块，京港澳高速出口与高碑店东站之间。项目规划用地面积13.46万 m^2，总建筑面积44.13万 m^2，建设场地用途及性质为住宅，建筑类别包括低层、多层、高层住宅及低层配套公共建筑，其中住宅36.7万 m^2，公共建筑3850m^2 为超低能耗建筑（图2-22）。本案例为全球范围内体量最大的超低能耗三星级绿色建筑园区，采用绿色智慧、海绵城市理念和近零能耗建筑技术体系，综合运用数字智慧技术、生态自然修复技术、新能源技术等多项国际前沿节能技术与理念。技术体系先进，节能减碳效果明显。

图2-22 项目鸟瞰图

2.5.2 实施效果

(1) 节能降碳效果

按照《建筑碳排放计算标准》GB/T 51366—2019，建筑运行阶段碳排放计算范围应包括暖通空调、生活热水、照明及电梯、可再生能源等在建筑运行期间的碳排放量以及建筑碳汇。

项目年供冷供暖节约电能约为198.7万kW·h。按照华北区域电网二氧化碳排放因子为0.8843kg CO_2/(kW·h)进行计算，项目年减排二氧化碳约5970.5t。按照项目使用寿命为50年计算，二氧化碳总减排量约为298525t。

(2) 经济与社会效益

项目围护结构采用超低能耗绿色建筑技术体系，将建筑冷热负荷大幅度降低之后，采用空气源热泵进行供暖，每年可节约电能约675.17万kW·h，节能效益显著。按照每千瓦时0.5元计算，年节约费用为337.59万元。

项目不仅促进居住者切实体验到使用超低能耗绿色住宅可获得更高的舒适性，而且节约使用成本，使节能减排的责任意识深入人心，促进全社会树立节能环保从我做起的良好风尚。

2.5.3 主要做法

(1) 技术标准创新方面

适用于寒冷气候区的超低能耗绿色建筑施工成套技术

项目外墙采用高性能的保温设计，其保温厚度是常规项目的2.3~3倍，最大程度降低冷热负荷需求。外保温双层错缝粘贴，断热桥锚栓锚固，锚固密度精细化计算。每层设置保温托架。地下外墙保温向下延伸到冻土层以下，保温内外由两道防水包裹。屋面保温材料与基层之间设置了隔汽层，保温材料外侧设置了防水层，保温全部包裹女儿墙，女儿墙金属压顶保护保温及防水（图2-23和图2-24）。

外门窗具有高保温隔热性能以及高气密性、水密性及抗风压等级。铝包木框（外铝内木）抗日晒、抗风吹雨淋，三玻两腔全钢化玻璃防爆、防盗、抗风压，开启扇四边多锁点联动，高质量五金件可实现6万次以上无障碍开启。采用成套超低能耗做法及施工技术，实现了安全牢固性和耐久性。空调板外挑构件热桥模拟如图2-25所示。

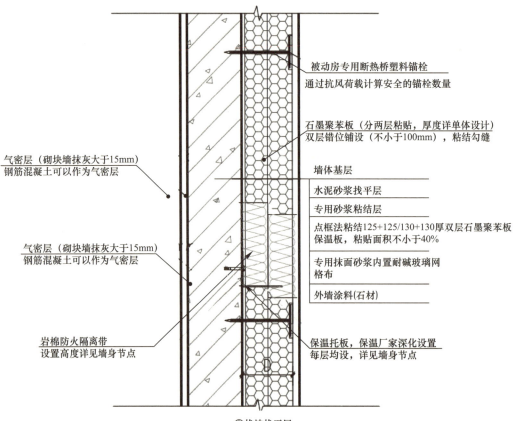

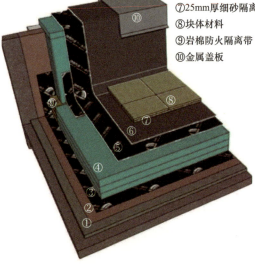

图 2-23 外墙节点图及女儿墙保温无热桥做法示意

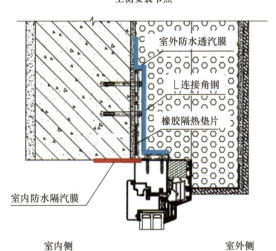
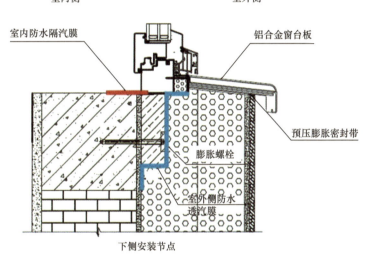

图 2-24　外窗安装节点详图

图 2-25　空调板外挑构件热桥模拟

1）健康舒适的高效新风热回收系统

东、西、南向外窗配置了可调节外遮阳系统，冬季日间收起，保证室内最大程度获得太阳辐射；夜间放下，起到一定外窗保温作用，减少供暖负荷，降低供暖能耗。夏季打开，最大程度阻隔太阳辐射，降低空调负荷，减少制冷能耗。

项目室内舒适度设计指标优于常规建筑，采用高效全热回收除霾新风一体机提供冷风、热风与新风，机组能效指标较国家标准提升幅度大于6%。高效热回收系统可以保证室内在供应充足新风的同时，回收大部分的排风能量，降低新风导致的供暖和制冷负荷。

2）全面监测运行数据，开展超低能耗绿色建筑运行效果后评估

每户设有温湿度、二氧化碳、PM2.5以及能耗监测系统，方便用户及时掌握房间室内环境质量以及空调系统运行情况（图2-26）。典型层及典型户设置了分项计量装置，对冷热源系统能耗、照明、插座及生活热水能耗设计了单独计量条件。解决了目前已有的超低能耗绿色建筑难以获得运行数据，无法评估运行效果的难题。项目采用符合项目气候特点和用户使用习惯的暖通空调系统方案设计，采用了分户式冷风、热风、新风一体机，在借助空气源热泵充分利用可再生能源满足舒适度需求的同时，实现用户端的灵活可调。进而实现从传统燃煤、燃气供暖等高排放方式向清洁能源供暖模式的转变。

图2-26 室内环境检测及设备控制面板

3）海绵城市设计理念

项目采用海绵城市设计理念，优先利用渗水砖、雨水花园、下沉式绿地等"绿色"措施组织排水，以"慢排缓释"和"源头分散"控制为主要规划设计理念，既避免了洪涝，又有效收集了雨水（图2-27）。

图 2-27 小区水景

（2）管理机制创新方面

为保障项目工程质量和实际运行效果，项目在规划设计、施工建造及运行管理等阶段采用创新管理模式。规划设计阶段采用多专业、多主体协同进行的工作模式。施工阶段建立施工质量管控办法和超低能耗绿色建筑质量管理体系，明确超低能耗绿色建筑施工建造过程质量管控要点。运行管理阶段就如何保障超低能耗绿色建筑的节能效果对运行管理人员和用户进行相关培训，对用户的行为进行一定的管理和引导，并明确各方责任。

2.5.4 特点介绍

项目为目前全球最大体量的超低能耗绿色建筑园区，采用绿色智慧、海绵城市理念和近零能耗建筑技术体系，打造成为零碳社区、绿色社区和海绵城市的样板项目。

（1）采用超低能耗建筑技术及绿色建筑技术，降低了建筑的运行能耗需求，供暖能耗较《民用建筑能耗标准》GB/T 51161—2016 降低了 88.2%，幼儿园在《公共建筑节能设计标准》GB 50189—2015 的基础上再节能 60%。

（2）实施全现浇外墙体系、BIM 技术、高性能门窗、防坠落外保温以及高标准屋面地下防水体系，建筑整体耐久性显著提升。其整体性好，强度高，承重能力强，耐疲劳，耐冲击震动，不容易产生裂缝。同时，对固定于外墙上的外保温及外窗、装饰性构件的牢固性起到一定的保障作用。通过 BIM 技术实现管线综合排布优化、避免碰撞，前期参数化的设计提高了施工效率与质量，同时完成了气密性检测推演。

（3）采用高性能外围护结构及新风冷热一体机不仅实现了室内常年恒温恒湿，提高了室内环境舒适度，也起到了保温、隔热、隔声的作用。

2.5.5 推广建议

寒冷地区同样可以推广使用超低能耗建筑技术及绿色建筑技术，降低建筑的运行能耗需求。可采用适用于寒冷气候区的超低能耗绿色建筑施工成套技术，包括屋面保温防水、女儿墙保温防水、管道穿墙保温及气密性、地上外墙保温、管线穿墙气密性及无热桥处理等，实现外保温、外窗安装的安全牢固性，屋面保温、防水工程及雨水排水系统的耐久性，地下外墙防水系统的安全耐久性。室内采用健康舒适的高效新风热回收系统，保证恒氧、恒净、恒静，运行期间全面监测，保证室内最佳热湿环境、空气品质与静音效果，杜绝发霉结露，达到健康舒适的目标。

2.6 节能绿色改造——北京市建筑设计研究院 C 座

北京市建筑设计研究院 C 座改造项目最大程度地保留了原建筑主体结构，采用高性能保温体系和门窗，加强建筑围护结构热工性能；利用全自动控制电驱动外遮阳，提供高灵活性的遮阳系统；并在方案阶段综合考虑自然通风和自然采光的应用，降低建筑能耗。项目在低碳节能改造方面的增量成本约为 1069.4 元 /m²，能源消耗量为 70.69kW·h/（m²·a），节能率达到 63.87%。

2.6.1 案例概况

北京市建筑设计研究院 C 座改造项目位于北京市南礼士路 62 号北京市建筑设计研究院公司院区内中心偏东侧地块。项目总建筑面积 8652m²，其中地上建筑面积 7690m²，地下建筑面积 962m²，建筑功能为办公。项目于 2018 年 10 月开工，2019 年底完成改造工作，2020 年 5 月投入使用。

建筑建成于 1982 年，经过 30 多年的使用，已出现楼板开裂、钢筋外露、周边悬挑梁变形等问题。建筑原围护结构保温性能失效，气密性能较差，节能效果不佳。建筑能源系统和照明系统运行年限长，设备能效水平低，运行安全性和可靠性降低。建筑已经不符合现行国家标准的抗震能力要求和建筑节能要求，存在严重安全隐患和能耗偏高问题。由于其位于北京市核心区且南侧紧邻住宅楼，因此，在改造过程中不能开展大规模建筑外立面施工，避免施工过程中噪声、粉尘、废弃物给周边居民带来不利影响。

为了提高建筑绿色低碳发展水平，基于国内外绿色、健康、节能建筑标准，确定项目 1~4 层改造目标为 LEED 铂金级，WELL 铂金级，健康建筑三星级，全楼改造目标为近零能耗建筑、绿色建筑三星级，旨在建造安全、近零能耗、智慧、健康建筑示范工程。北京市建筑设计研究院 C 座是国内首个绿色、健康、近零能耗建筑高标准的改造项目。建筑节能低碳改造应优先通过高性能围护结构系统降低建筑冷热需求，但考虑到建筑施工条件的限制，最终确定在原有围护结构外墙内侧增加内保温，提升围护结构保温性能。内保温在建筑关键节点工艺做法方面受较多因素影响，须重点把控。为了进一步降低建筑碳排放，建筑采用高效机电设备，充分利用可再生能源，结合智能化运维系统达到绿色低碳运行效果（图 2-28）。

2.6.2 实施效果

(1) 节能降碳效果

图 2-28 北京市建筑设计研究院 C 座改造项目

针对项目改造方案,以满足《公共建筑节能设计标准》GB 50189—2015 节能要求的建筑作为参照建筑,参照建筑能源消耗量为 195.68kW·h/(m^2·a),本项目建筑能源消耗量为 70.69kW·h/(m^2·a),节能率达到 63.87%。根据碳排放计算结果,常规节能参照建筑碳排放强度为 5583kg CO_2/m^2,本项目通过采用多项绿色低碳技术后碳排放强度为 3890kg CO_2/m^2,降碳效果显著。其中隐含碳排放强度为 1142kg CO_2/m^2,运行碳排放强度为 2748kg CO_2/m^2,运行碳排放占比达到 70.6%。

(2) 经济与社会效益

项目改造投资约 1331 万元,相比常规建筑,投资费用增加了 925.28 万元,增量成本约为 1069.4 元/m^2(表 2-4)。

建筑节能降碳改造增量成本   表 2-4

序号	单项名称	项目改造投资费用(万元)	常规建筑投资费用(万元)
1	外保温	242.59	123.57
2	外门窗+遮阳	496.26	107.84
3	冷热源机房设备	265.26	0
4	热回收机组设备	74.84	51.54
5	照明灯具部分	198.14	122.86
6	光伏发电	54	0
	合计	1331.09	405.81

既有公共建筑已成为我国建筑节能改造的重点,其具备节能改造的相关潜力。本项目为其他公共建筑节能改造提供了新技术应用参考,从而引导更多的既有公共建筑以高标准提升建筑性能。为进一步提升建筑节能水平,强化建筑综合性能,延长建筑使用寿命,应积极推动并大力推广节能低碳改造模式。

2.6.3 主要做法

（1）技术标准创新方面

1）围护结构被动节能改造

项目为降低拆改过程中造成的碳排放和对周边环境的影响，采用增加岩棉和STP真空绝热板作为内保温的方式，同时，配备高性能外窗与遮阳系统，达到优化围护结构的目标。

项目改造前围护结构仅采用200mm加气混凝土，东向和南向在2000年改造工程中增加了50mm的聚苯板保温层，建筑门窗传热性能、气密性均较差。围护结构已不满足现行国家相关节能标准要求。受项目改造条件限制，无法在建筑外立面进行大规模施工，最终确定基于原有围护结构在外墙内侧增加内保温。

保留原有200mm加气混凝土外墙，在外墙内侧增加80mm厚的岩棉板和30mm厚的STP真空绝热板，外墙平均传热系数达到0.21W/（m^2·K）。同时，根据建筑方案和无热桥设计需求，在局部节点或造型位置增加STP真空绝热板，保障建筑保温性能和无热桥效果。屋面保温采用300mm厚的挤塑聚苯板，屋面平均传热系数达到0.14W/（m^2·K）。

外窗及外遮阳采用三玻中空外窗［TP6（单银Low-E）+16Ar暖边+TP5+0.5V+TP5］，窗框采用铝合金隔热断桥铝型材，断桥铝型材表面采用氟碳喷涂，外窗整体传热系数达到1.0W/（m^2·K），外窗气密性等级达到8级，水密性等级达到6级。建筑南侧、东侧外窗设置室外电动遮阳百叶，室内每套外窗侧设置遮阳卷帘（图2-29）。

图2-29 建筑外窗与外遮阳

保证建筑屋面、外墙、地面、外窗等部位无热桥。建筑采用内保温方式，其无热桥设计节点包括保温层连接部位、外窗与结构墙体连接部位、管道等穿墙或屋面部位，以及遮阳装置等需要在外围护结构固定可能导致热桥的部位等（图2-30～图2-32）。

按照《近零能耗建筑技术标准》GB/T 51350—2019，建筑气密性≤0.6。建筑气密性对于实现近零能耗及近零碳建筑目标非常重要。良好的气密性可以减少冬季冷风渗透，降低夏季非受控通风导致的供冷需求，避免湿气侵入造成的建筑发霉、结露、损坏，降低室外噪声和空气污染等不良因素对室内环境的影响。

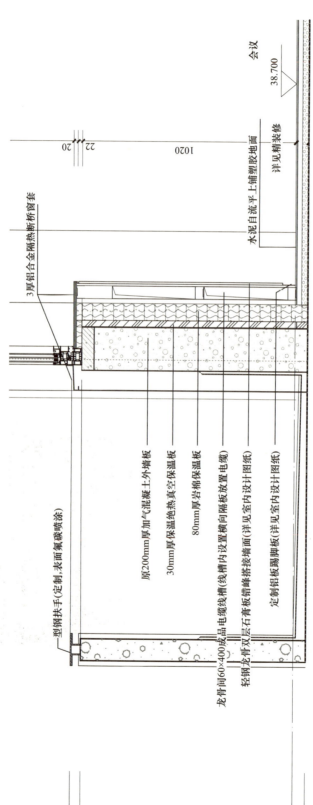

图 2-30 外墙大样图

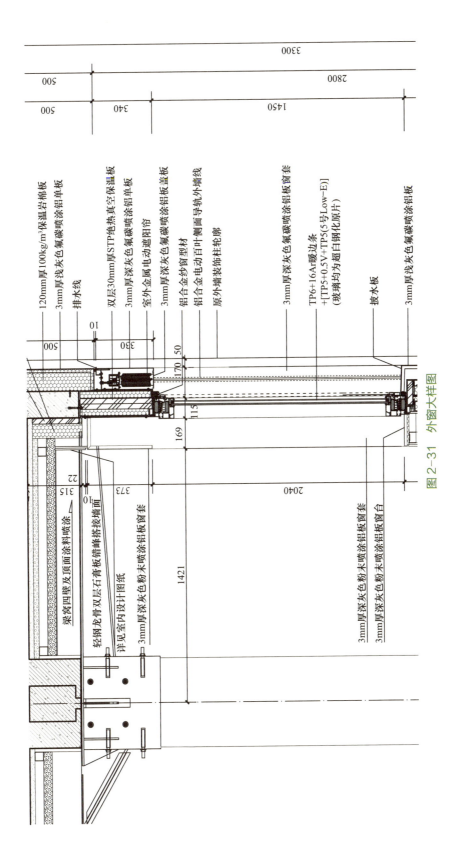

图 2-31 外窗大样图

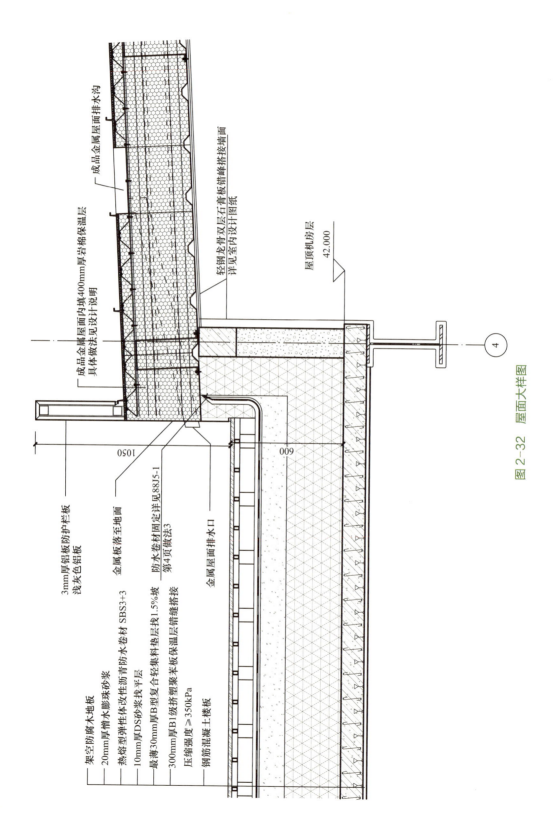

图 2-32 屋面大样图

项目选用高性能的门窗,外门窗气密性等级达到 8 级。在建筑设计和施工过程中,保障关键节点的性能,其中对建筑风道、给水排水管、电缆、空调水管、雨水管等孔洞位置均进行有效密封。

2)冷热源系统改造

项目改造前采用市政热力和冷水机组提供冷热源,改造后重新匹配冷热源机组,采用 4 台模块式空气源热泵主机,热泵制冷 COP 达到 3.75,制热 COP 达到 4.2。每台空气源热泵主机有 4 个机头,可以逐级进行调节,4 台主机共可按照 16 级变频调节。建筑末端采用"风机盘管+新风系统",新风热回收系统焓效率 75%,当过渡季室外温度低于 28℃,相对湿度低于 60% 时,采用自然通风方式(图 2-33)。

图 2-33 空气源热泵机组

3)照明系统改造

室内照明灯具更换为高效 LED 节能灯具并配套智能化照明控制系统,实现分区分组、人感光感控制。项目改造前照明系统以普通白炽灯和节能灯为主,手动控制,照明系统节能潜力较大。项目改造后主要功能房间的照明功率密度为 4~6.5W/m^2。同时,增加智能照明控制系统,按建筑使用条件和天然采光状况采取分区、分组控制措施。

4)可再生能源应用

为了进一步达到近零能耗和近零碳排放的目标,结合建筑造型和屋面条件,在充分考虑建筑光伏一体化的前提下,采用屋顶太阳能光伏系统,光伏设计面积为 400m^2。根据北京市气象条件,全年发电量约为 66014kW·h,屋面光伏系统全年发电量可满足节能需求（图2-34）。同时，室内布置绿植墙面和盆栽增加碳汇，间接降低建筑碳排放。

图2-34 太阳能光伏系统

5）建筑智控系统

项目采用智能化监控运维系统对建筑室内环境参数、室外环境温度和建筑能源系统进行实时监测，准确反映建筑的用能情况，监测能源系统运行状态，达到最佳效果。项目在建筑室内和室外设置温度、湿度传感器，监测环境舒适度。在冷热源系统、能源系统末端等关键部位设置温度、流量、压力传感器，通过监测能源系统的数据，设置合理的系统运行方案，完成自动控制。同时，在建筑会议室和公共区域设置人感和光感传感器，实现照明系统的智能控制。通过分析室外日照情况和室内人员情况，设定合理的控制方案，实现外窗和外遮阳自动控制。通过监测数据远程传输等手段及时采集分析能耗数据，实现在能耗监测平台上对能耗统计结果进行分析展示的效果。

（2）管理机制创新方面

项目改造期间采用全过程管理模式，从方案设计、施工图设计、建筑施工、系统调试、建筑运行阶段制定技术方案，应用一体化管理流程，组织各个专业和领域的工作人员开展项目研讨会，相互协调和响应不同专业的需求，监督实施过程，保障实施效果（图2-35）。

2.6.4 特点介绍

本次改造最大程度保留了原建筑主体结构，在对原主体结构进行加固改造的基础上，

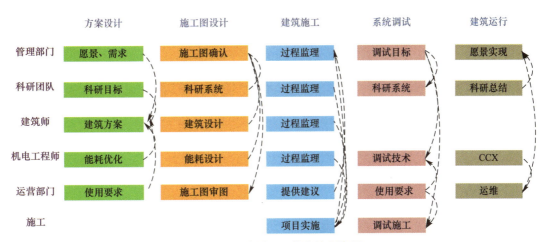

图 2-35　全过程一体化管理流程

对建筑方案进行了优化设计。建筑能源系统以空气源热泵系统作为独立冷热源。利用高效 LED 灯具及智能照明控制系统降低建筑照明能耗，更换全楼机电设备设施，对全楼进行绿色化改造。充分利用可再生能源，设置 400m² 的屋面光伏系统为公共区域照明供电，以进一步达到建筑近零能耗和近零碳的目标。应用健康建筑元素，通过在空调系统设置活性炭过滤、高压静电除尘等空气净化装置，保障室内空气质量；全楼设置直饮水净化系统，为员工提供便捷干净的饮水来源；室内采用健康高质量光源，提供舒适的光环境；配备人体工程学工位，公共区域设置健身工位，鼓励健康的工作方式；应用智能化监测系统，实现空气质量监测、水质在线监测、照明分区分组控制、楼宇设备自动化运维等功能。

2.6.5　推广建议

既有建筑改造项目可以通过外围护结构及保温结构改造、更新外门窗和遮阳、冷热源机房改造、热回收机组加装、应用节能自控照明设备、装配光伏发电等措施，在不改变主体结构的情况下，在安全改造的同时，开展综合节能改造工作，解决建筑年代久远、基础条件差、邻近住宅楼等问题，探索并实施近零能耗建筑、绿色建筑、健康建筑、智慧建筑技术改造，提高建筑物使用的安全性、舒适性和健康性。

2.7 节能绿色改造——湖北省建筑科学研究设计院中南办公大楼

湖北省建筑科学研究设计院中南办公大楼确保改造不会对场地及周边生态造成影响，以既有建筑绿色改造三星级、健康建筑三星级为目标，确定改造内容主要包括建筑节能改造、绿色健康改造、建筑信息化和智能化系统改造、平立面改造。相对于改造前，实际能耗项目预期节能率为48.93%，节能量为48.09kW·h/(m²·a)。

2.7.1 案例概况

湖北省建筑科学研究设计院中南办公大楼始建于1986年，位于武汉市武昌区中南路16号，项目总投资约992万元，于2020年6月开始实施绿色健康改造，于2021年3月竣工。项目已荣获既有公共建筑绿色改造三星级设计标识以及健康建筑三星级设计标识证书，是目前湖北省首个"双三星"既有建筑改造项目（图2-36）。

图2-36 建筑改造前后实景对比

2.7.2 实施效果

（1）节能降碳效果

项目节能降碳水平的基准值取2018年（即改造前）该大楼实际运行的能耗值，单位面积耗电量 94.27kW·h，全部为电耗，无其他类型能耗；利用 DeST-C 软件对改造前的能耗进行模拟计算，得到大楼总能耗模拟值与实际值仅相差 2.42%。利用该软件对改造后的模型进行能耗模拟，分析计算得到改造措施的节能降碳水平计算见表 2-5，其中高效空调的节能率未计入光伏组件发电量，光伏组件单独计算节能降碳效果。电力碳排放因子取 0.5257kg CO_2/（kW·h）；因节水产生的碳减排量取节水量与处理单位污水的碳排放量的乘积，每吨水减排二氧化碳 1.05kg。

节能降碳水平计算表　　　　　　　　　　　　　表 2-5

编号	改造项目	节能量 [kW·h/（m²·a）]或节水量 [t/（m²·a）]	节能率（%）	碳减排量（$kgCO_2/m^2$）
1	围护结构节能改造	11.89	9.75	6.25
2	高效空调系统（不含光伏）	14.82	16.11	7.79
3	节水器具	0.292	—	0.31
4	节能灯具	15.16	16.48	7.97
5	光伏发电	5.65	5.99	2.97
6	太阳能热水	0.57	0.60	0.30
	合计		48.93	25.59

根据改造后 2021 年实际数据可知，单位面积能耗和除新增需求（如报告厅、健身房等）为 48.14kW·h/（m²·a），相对于改造前实际能耗项目预期节能率为 48.93%，节水量 0.292t/（m²·a），碳减排量为 25.59kg CO_2/（m²·a），节能、节水、降碳效果明显。其中节能率、节能量、碳减排量均考虑了可再生能源运用的节能效果，碳减排量还考虑了节水的减排效果。

（2）经济与社会效益

项目总投资约 992 万元，单位面积改造成本 1782.88 元，绿色改造成本约占 27.25%，较为经济合理。其中围护结构节能改造、高效光伏空调系统成本占比达 25.78%。综合考虑各项改造措施后，单位面积节能改造成本约 485.83 元/m^2，按照电价 0.6907 元/（kW·h）、自来水价 3.49 元/t 计算，单位面积每年预计节省电费及水费共计 34.18 元，静态回收期约为 14 年。

从单项改造技术措施来看，节能灯具、光伏发电、太阳能热水的回收期均小于 5 年，其中节能灯具回收期小于 1 年，经济效益良好。多联机空调系统、节水器具以及围护结构节能改造的回收期较长，经济效益较差（表 2-6）。

经济效益计算表　　　　　　　　　　表 2-6

编号	改造项目	成本（元/m²）	节约费用（元/m²）	回收期（年）
1	围护结构节能改造	265.47	8.21	32.33
2	高效空调系统（不含光伏）	179.73	10.24	17.55
3	节水器具	19.35	1.02	18.97
4	节能灯具	5.10	10.41	0.49
5	光伏发电	14.38	3.91	3.68
6	太阳能热水	1.80	0.39	4.62
合计		485.87	34.18	14.21

湖北省建筑科学研究设计院在多次重要会议上介绍其改造项目，该项目成为未来绿色建筑技术推广平台，创建品牌价值，提高企业知名度。同时，为湖北省乃至夏热冬冷地区既有公共建筑绿色综合改造提供技术经验，起到先驱示范作用。

2.7.3　主要做法

精确的技术模拟和方案比较

充分利用工程检测、监测手段，在项目前期给改造方案提供全面技术支持。通过精确的技术模拟和方案比较，"量身定制"适用的改造方案。对大楼采用不同改造技术后在不同指标下的适用性由强到弱进行排序可知该项目采用节能灯具、高效空调的节能减排效果和经济效益均优于围护结构节能改造，适用性更强（表 2-7）。

适用性排序　　　　　　　　　　　表 2-7

排序	指标			
	节电率	成本	碳减排	回收期
1	高效空调	节能灯具	高效空调	节能灯具
2	节能灯具	节水器具	节能灯具	高效空调
3	节能外窗	屋面保温	节能外窗	屋面保温
4	屋面保温	外墙保温	屋面保温	节水器具
5	外墙保温	节能外窗	外墙保温	节能外窗
6	—	高效空调	节水器具	外墙保温

1) 全过程采用 BIM 技术

设计阶段利用 BIM 技术的参数化，重现建筑及周边情况，展示各楼层改造前后状态，可进行方案调整比对，实现部分绿建报表、成果计算自动化。施工阶段采用 BIM 技术优化管线，对办公楼水暖电管线综合排布，使得管线设备整体布局有序、合理、美观，最大程度满足和提高建筑使用空间，降本增效。运用 BIM 模型代替传统二维图纸，指导把控现场施工，避免错碰，保障质量，最终呈现了良好的效果。运行阶段，项目设置基于 BIM 技术的绿色建筑检测监测平台，在三维 BIM 模型中动态展示运行监测数据以及存储数据，提高数据的可视性，指导用户行为，为大楼量身定制绿色建筑运行策略提供依据。

2) 规划与建筑优化设计

场地绿化景观：项目采用多种乡土植物，实现乔、灌、草结合的复层绿化，种植区域覆土深度和排水能力满足植物生长需求，改造后保留原有场地内的大型乔木，对部分高大树木进行修剪，不仅利于北面房间的采光，还改善了场地风环境。项目增加了停车位数量，解决了停车位紧张的问题。

围护结构：外墙部分采用 45mmEPS 板内保温，平均传热系数降为 $0.59W/(m^2·K)$；屋面部分采用 60mm 挤塑聚苯板保温，平均传热系数降为 $0.46W/(m^2·K)$；南、北向外窗更换为断热铝合金中空玻璃窗，局部幕墙及门联窗透明部分采用低辐射断热铝合金中空玻璃，东、西向外窗的内侧增设活动遮阳，外窗及幕墙传热系数为 $2.20\sim2.36W/(m^2·K)$。建筑无遮挡的东面外墙采用垂直绿化，在垂直绿化的遮阳、隔热和蒸腾作用影响下，采用垂直绿化的墙面温度比裸露的墙面温度低 2～4℃，遮阳和隔热效果明显。室内也增设了垂直绿化，起到柔化空间的作用，不仅营造出怡人自然的绿色办公环境，也可以消解甲醛，调节湿度，改善室内空气环境（图 2-37）。

建筑环境：原场地内有大面积无风区，风环境较差；改造以后，场地内风环境得到明显改善，符合标准要求（图 2-38）。室内空间经过布局优化以后，改善了自然通风和自然采光效果，且通风采光均满足标准要求；办公室、会议室等主要功能房间的室内热湿环境达到《民用建筑室内热湿环境评价标准》GB/T 50785—2012 的 I 级要求。

标识系统与展示空间：增设禁止吸烟标识，营造良好的办公环境；增设下班关闭电器、空调温度调控范围等标识，促进节能。项目增设绿色建筑技术展示牌，在重点技术采用部位张贴展示牌，具有很好的宣传、科普、展示功能；一层增设展厅和显示屏，用于展示大楼能耗、空气质量等实时监测数据。

图 2-37　室内外增设垂直绿化

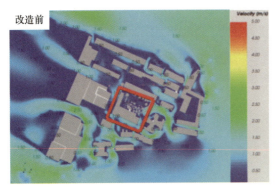

图 2-38　场地风环境模拟

3）结构与材料选择

对原办公楼进行结构检测，其危险性评定等级为 A 级，无危险构件，房屋结构满足安全使用要求。改造保留建筑主体结构，原结构构件利用率 100%。办公楼增设一楼大厅，将部分承重墙改为梁，以扩大使用空间。将砖墙局部拆除，洞口竖向采用外包钢形成承重柱，横向采用外包钢形成梁。周边墙体采用源于高延性水泥基复合材料的新材料——高延性混凝土（HDC）加固，有效提高构件和墙体的承载力和抗震性能。通过结构加固后的一楼大厅空间现代大气，作为建筑新的主入口，提升了企业整体形象。六楼健身房屋面采用天然实木制作而成的木桁架作为主构件，木材可再利用，施工便利，不用二次装修设置室内吊顶。木材导热系数低，也具有较好的保温性能。以木材作为建筑材料同时结合传统建筑的构筑方式，给人以亲切感、怀旧感，让人身心放松，营造出"运动氧吧"的和谐氛围。充分利用项目施工中的废旧钢筋（钢板）、木材、试块以及公司检测中心的废弃混凝土等废弃物修筑场地围墙、花坛及铺路等，提高材料的利用率，拓展建筑改造过程中废旧建筑材料的低碳发展之路（图 2-39）。

图 2-39　由废弃物修筑的景观小品

4）暖通空调系统改造

项目改造后冷热源为变频多联机光伏空调系统，室内采用风管式室内机顶送风或侧送风。光伏空调系统利用太阳能发电，不仅可以给多联机主机提供动力，也可在多联机主机不工作或发电有盈余时通过主机换流单元向建筑照明供电。光伏直驱利用率高达 99.04%，同时，利用创新的动态负载跟踪（MPPT）技术，实现对太阳能的最大化利用。变频多联机室外机 IPLVI 最小值为 5，比规定值提高 26.6%，满足标准要求（图 2-40）。

图 2-40　光伏空调系统

空调新风系统设有排风热回收，热回收效率达 66% 以上。改造前对室内 PM2.5 浓度进行检测，结果显示室内为中至重度污染，空气质量差；空调新风系统能净化空气中的颗粒物，PM2.5 一次过滤率达到 99.5% 以上，并且能够长期保持一级的标准，保障室内较优的空气质量。项目还采用低成本的空调系统节能技术，包括主要功能房间空调均独立控制、会议室均设置根据二氧化碳浓度自动调节新风量的二氧化碳浓度传感器等。

5）给水排水系统改造

项目充分利用市政水压，卫生器具均采用一级节水器具，每年节水量约1600t。管道、阀门和设备均按国家标准要求进行设计，管道的连接方式也符合国家标准。采用太阳能热水系统，同时辅助空气源热泵，热水供应比例达80%，主要为卫生间及茶水间提供生活热水。系统采用真空横管式集热器，集热器与水箱直接循环，同时设置循环立管。热水管为不锈钢管，设置紫外线消毒器，可提供高效卫生的热水，提高员工用水舒适度。新增的太阳能热水系统，充分利用屋面空间和武汉丰富的日照资源，可有效节能，并减少建筑运行中的碳排放。

6）电气系统改造

项目一般场所采用高效照明灯具，走道、楼梯间、门厅等公共区域均更换为LED照明，并采用"分区分组＋集中控制"的节能控制措施。走廊灯光采用环绕式节能光源。办公室照明系统可自动调节照度，调节后的天然采光和人工照明的总照度不低于各采光等级所规定的室内天然光照度值。对于人员流动较多而非长期工作或停留的场所，设置人体感应灯，在人员经过时可感应开启，满足照度要求；同时，能够实现节能自熄，在无人经过时自动关闭，节能省电。

项目设有2台电梯，分别位于建筑主出入口两端，电梯采用变频、轿厢无人自动关灯、驱动器休眠等节能控制措施。设置基于BIM技术的绿色建筑检测监测平台，平台包括能耗监测以及空气质量监测系统，可在三维BIM模型中动态展示运行监测数据，使绿色建筑的实际效果得以充分显现。同时，对每层楼的空调用电、照明用电、插座用电进行分项计量，便于日后分析各分项能耗运行特点、制定适宜的运行管理制度。空气质量监测系统通过在室内外设置温湿度、PM10、PM2.5、二氧化碳浓度传感器，实时监测室内外空气质量，监测系统对监测数据进行定时连续测量、记录和传输。

2.7.4 特点介绍

项目具有三大特点：充分利用工程检测、监测手段，在项目前期通过检测明确项目现状及改造重点，给改造方案提供全面技术支持；通过精确的技术模拟和方案比较，"量身定制"适用的改造方案，充分合理地利用原建筑，避免大拆大改；全过程采用BIM技术，设计阶段利用该技术实现部分绿建报表、成果计算自动化，施工阶段采用该技术优化管线，运行阶段设置基于该技术的绿色建筑检测监测平台。改造后总节能率高，节能效果明显，绿色、健康的改造效果提升了企业形象、为员工带来了很多便利，舒适、良好的室内环境也有助于提高员工的工作效率。

2.7.5 推广建议

湖北省建筑科学研究设计院中南办公大楼改造项目作为夏热冬冷地区典型案例，采用了包括基于 BIM 技术的绿色建筑检测监测平台、智能光感照明系统、光伏多联机系统、带空气净化的全热新风换气机组等多项先进建筑技术。实施效果表明：改造采用节能灯具、太阳能热水、光伏多联机的回收期较短，其经济效益优于围护结构节能改造。整体上，设备系统节能改造措施值得同类建筑节能改造借鉴；围护结构节能改造投资回收期较长，宜采用敏感度分析方法，综合考虑开展适宜的围护结构改造方案。

2.8 低碳运行——深圳建科大楼

深圳建科大楼设计运营过程以"共享设计"为理念,采用被动集成技术为主、主动技术为辅,多维度技术策略共存的方法,探索"低成本、低消耗"的绿色建筑实施路径,建立绿色运维体系,并开展全面宣传推广。2010—2020 年,深圳建科大楼年均单位建筑面积能耗为 58.89kW·h,相比同类建筑能耗标准平均节能 38%。

2.8.1 案例概况

深圳建科大楼(简称"建科大楼")占地面积 3000m^2,总建筑面积 18170m^2,地上 12 层,地下 2 层。建科大楼由深圳建筑科学研究院(简称"深圳建科院")自行设计、建设和使用,于 2004 年开始策划设计,2006 年动工,2009 年竣工使用,定位为本土、低耗、可推广的绿色办公大楼。建科大楼采用 40 多项绿色技术(其中被动、低成本和管理技术占到 2/3),以当地同类建筑 2/3 的建安成本,实现了空调能耗降低 50%、照明能耗降低 70%、污水基本零排放的节能节水效果。项目获得了国家绿色建筑三星级设计和运维认证项目、全国勘察设计一等奖、国家绿色建筑创新奖一等奖、世界绿色建筑委员会亚太地区绿色建筑先锋奖等。建科大楼从 2009 年建成投入使用至今,已完成 14 年的实际运维考验,体现了深圳建科院以"共享理念"为核心的绿色建筑实现模式,是我国绿色低碳建筑发展的缩影(图 2-41)。

图 2-41 深圳建科大楼(左:东南角透视图,右:西南角透视图)

2.8.2 实施效果

（1）节能降碳效果

根据建筑能耗实时监测系统的数据显示，2010—2020 年，建科大楼年均能耗为 107 万 kW·h，年均单位建筑面积能耗为 58.89kW·h，相比同类建筑能耗标准平均节能 38%。以 2010 年 1 月—2020 年 12 月为时间周期，依据《建筑碳排放计算标准》GB/T 51366—2019，二氧化碳的减排量核算结果如图 2-42 所示。其中外购电力的碳排放因子依据《广东省碳达峰碳排放核算指南（暂行）》。

图 2-42　2010—2020 年建科大楼二氧化碳减排量

建科大楼主要的降碳措施包括两个方面，一是可再生能源利用降碳；二是建筑本体节能技术降碳。建科大楼应用规模化太阳能光电集成技术，多点应用，在屋面、西立面、南立面均结合功能需求设置了太阳能光伏系统。2010—2020 年建科大楼能耗强度分布如图 2-43 所示。根据能耗实时监测系统数据显示，2010—2020 年，光伏发电系统年均生产电量 6.5 万 kW·h，约占大楼全年用电量的 6%。

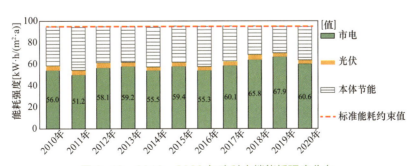

图 2-43　2010—2020 年建科大楼能耗强度分布

建科大楼年均常规能源（市政用电）消耗水平为 59kW·h/m²，年均可再生能源利用为 6.5 万 kW·h，比《深圳市公共建筑能耗标准》SJG 34—2017 约束值 95kW·h/（m²·a）降低 38%，年节省常规能源约 65.6 万 kW·h，相当于节约标准煤 199.8t，减排二氧化碳 316.9t。其中通过可再生能源利用技术实现的建筑碳减排量为 31.4t，占比 10%；通过建筑本体节能技术应用实现的碳减排量为 285.5t，占比 90%。

据物业抄表数据显示，2018—2020 年，建科大楼生活水年均总用量为 20363m³，其中中水总用量为 10002m³，非传统水源利用率为 49%。依据《建筑碳排放计算标准》GB/T 51366—2019，通过中水再利用实现年减排二氧化碳 1.7t。

综上所述，2010—2020 年，建科大楼累计减少电耗 721.6 万 kW·h，相当于节约标准煤 2197.8t，加上每年中水再利用的降碳效益，建科大楼累计减排二氧化碳 3503.5t。

（2）经济与社会效益

节电效益：建科大楼与同类办公建筑分项能耗水平相比，空调能耗降低 65%，照明能耗降低 63%；与同类办公建筑平均能耗水平相比，建筑总能耗降低 64%；光伏系统年发电占建科大楼全年用电比例约 5%～6%，远高于《绿色建筑评价标准》GB/T 50378—2019 优选项 2% 的要求。建科大楼年均节约常规能源约 65 万 kW·h，按商业用电平均 1.0 元/（kW·h）计算，大楼全年可节约电费约 65 万元。

节水效益：中水回用和雨水收集利用，使非传统水源利用率达 49%，远高于《绿色建筑评价标准》GB/T 50378—2019 中非传统水源利用率的最高标准 40%。年均节水近 1 万 t，按中水系统运行费用 0.3 元/t，自来水费用 2.95 元/t，污水处理费用 1.2 元/t 计算，每年节约费用 3.8 万余元。建科大楼全年可节约运行费用约 68.8 万元。

社会效益：深圳建科大楼实现面向城市建设的示范性、面向绿色建筑技术综合应用的示范性、面向公众的科普教育示范性。

2.8.3 主要做法

（1）技术标准创新方面

1）以共享设计为基础，基于气候和场地条件的建筑体型与布局设计

建科大楼的共享设计是从了解使用者（同时也是建设者）的需求开始的，上到最高管理层下到普通员工，让使用者参与设计。通过合理布局与灵活隔断创造高效的室内空间，架空绿化构建成环境优美的交流互动平台，适宜的环境控制手段营造良好的室内环境，解决环境品质不高的问题。通过自然通风和遮阳节省空调能耗，自然采光节省照明能耗，节水器具与再生水利用节约水资源，垃圾分类回收减少废弃物排放量，解决建筑

能耗高、排放高的问题。

基于其海洋性季风气候和实测的场地地形、声光热环境和空气品质情况,以集成提供自然通风、自然采光、隔声降噪和生态补偿条件为目标,进行建筑体型和布局设计。

平面布局设计与隔热、采光和空气品质。结合朝向和风向进行平面布局设计,以获得良好的采光、隔热效果以及空气品质。建科大楼东侧及南侧日照较好,且处于上风向,布置为办公等主要使用空间;西侧日晒影响室内热舒适性,尽量布置为电梯间、楼梯间、洗手间等辅助空间,其中洗手间及吸烟区布置于下风向的西北侧。西侧的辅助房间对主要使用空间构成天然的"功能遮阳"。

垂直布局设计与交通组织和环境品质。结合功能区使用性质及其对环境的互动需求进行垂直布局设计,以获得合理的交通组织和适宜的环境品质。中低层主要布置为交流互动空间以便于交通组织;中高层主要布置为办公空间,以获得良好的风、光、声、热环境和景观视野,充分利用和分享外部自然环境,提高人与自然的接触面。

架空绿化设计与城市自然通风和生态补偿。建科大楼与周围环境协调并与社区共享,首层、六层、屋顶均设计为架空绿化层,最大限度对场地进行生态补偿。首层开放式接待大厅和架空人工湿地花园,实现与周边环境的融合和对社区人文的关怀。架空设计不仅可以营造花园式的良好环境,还可以为城市自然通风提供廊道。

开放式空间设计与空间高效利用。结合"凹"字型布局和架空绿化层设计,设置开放式交流平台,用作会议、娱乐、休闲等,最大限度利用建筑空间。

2)"凹"字型设计与自然通风和采光

通过风环境和光环境仿真对比分析,建筑体型采用"凹"字型。凹口面向夏季主导风向,背向冬季主导风向,合理控制开间和进深,为自然通风和采光创造基本条件。同时,前后两个空间稍微错开,进一步增强夏季通风能力(图2-44)。

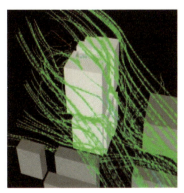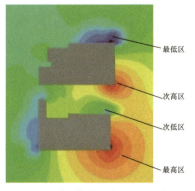

图2-44 "凹"字型与通风采光

突破传统开窗通风方式，建筑采用合理的开窗、开墙、格栅围护等开启方式，实现良好的自然通风效果。适宜的开窗方式设计：根据室内外通风模拟分析，结合不同空间环境需求，选取合理的窗户形式、开窗面积和开启位置。适宜的多开敞面设计：建筑大量采用多开敞面设计，如报告厅可开启外墙、消防楼梯间格栅围护和开放平台等。报告厅可开启外墙可以全部打开，与西面开敞楼梯间形成良好的穿堂通风，也可以根据需要任意调整开启角度，获得所需的通风效果。当天气凉爽时可充分利用室外新风作为自然冷源，当天气酷热或寒冷时可关小或关闭（图2-45）。

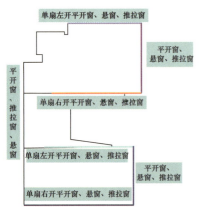  

图 2-45 适宜的开窗方式设计

"凹"字型不仅可以使建筑进深控制在合适的尺度，提高室内自然采光区域比例，还可以利用立面窗户形式设计、反光遮阳板、光导管和天井等措施增强自然采光效果。适宜的窗洞设计：对于实验区、展示区等一般需要人工控制室内环境的功能区，采用较小窗墙比的深凹窗洞设计，有利于屏蔽外界日照和温差变化对室内的影响，降低空调能耗。对于可充分利用自然条件的办公空间，采用较大窗墙比的带形连续窗户设计，以充分利用自然采光。"遮阳反光板+内遮阳"设计：办公空间采用"遮阳反光板+内遮阳"设计，在适度降低临窗过高照度的同时，将多余的日光通过反光板和浅色顶棚反射向纵深区域。光导管及采光井设计：利用适宜的被动技术将自然采光延伸到地下室，设置光导管和玻璃采光井（顶）（图2-46）。

3）立体遮阳隔热技术

建筑布局采取"功能遮阳"+"本体隔热"+"自遮阳"，再辅以遮阳反光板。结合绿化景观设计和太阳能利用技术，进一步进行立体遮阳隔热。屋顶绿化：屋面设置为免浇水屋顶花园，上方设有太阳能花架，在光伏发电的同时具有遮阳隔热的作用。架空层绿化：建筑首层、中部和屋顶所设计的架空层均采用绿化措施，在最大程度实现生态补

图 2-46 反光遮阳板实景

偿的同时，尽量改善周边热环境。垂直绿化：建科大楼每层均种植攀岩植物，包括：中部楼梯间采用垂直遮阳格栅，北侧楼梯间和平台组合种植垂吊的植物。在改善建科大楼景观的同时，进一步强化了遮阳隔热的作用。光电幕墙遮阳：针对夏季西晒强烈的特点，在建科大楼的西立面和部分南立面设置了光电幕墙，既可发电又可作为遮阳设施减少西晒辐射得热，提高西面房间热舒适度；幕墙背面聚集的多余热量利用通道的热压被抽向高空排放。光电板遮阳：建科大楼南侧设置光电板遮阳构件，在发电的同时，还起遮阳作用。

4）主动技术与被动技术的集成应用

面向时间空间使用特性作为自然通风补充的空调技术。设计摒弃惯用的集中式中央空调，根据房间使用功能和使用时间需求差异，划分空调分区并选用适宜的空调形式，实现按需开启、灵活调节，为空调系统的节能高效运行提供基础条件。运行控制与自然通风密切结合，对室内外温湿度进行监测，优先采用自然通风降温，当自然通风无法独立承担室内热湿负荷时，才启动空调系统。

作为自然采光补充的照明技术。根据各房间或空间室内布局、自然采光和使用特性，进行节能灯具类型、灯具排列方式和控制方式的选择和设计。照明系统控制：与自然采光密切结合，当自然采光无法满足光照条件要求时，按需开启人工照明系统。

与建筑一体化的可再生能源利用技术。太阳能热水系统采用集中—分散式系统用于满足员工洗浴间热水需求。规模化太阳能光电集成利用：多点应用，在建科大楼屋面、西立面、南立面均结合功能需求设置了太阳能光伏系统；多类型应用，多种光伏系统分回路并用。光伏发电与隔热遮阳集成应用：南面光伏板与遮阳反光板集成，屋顶光伏组件与花架集成，西面光伏幕墙与通风通道集成，在发电的同时起到遮阳隔热作用。

与绿化景观结合的水资源利用技术。设置中水、雨水、人工湿地与环艺集成系统，将生活污水经化粪池处理后的上清液经生态人工湿地处理后的达标中水用于室内冲厕、楼层绿化浇灌；将屋顶及场地雨水经滤水层过滤收集，并经生态人工湿地处理后达标的水用于一层室外绿化浇灌。旱季雨水不足时，由中水系统提供道路冲洗及景观水池补水用水，以减少市政用水量。

（2）管理机制创新方面

运营是将共享设计成果产生价值的根本途径。共享运营主要体现在运营目标平衡性和运营过程开放性两个方面，其主要目标是安全、健康、高效。为了实现这一目标，建科大楼有一整套的支撑手段——绿色运维体系，包括出台实施《建科大楼管理规定》，运用公共建筑能耗监测平台实时监测大楼能耗等。运营团队提前介入，运维需求前置；重视管理制度，关注运行过程；绿色运营创新，促进节能行为管理；适应需求变化，建筑与人共成长；试验新技术，迎接新变革。

2.8.4 特点介绍

建科大楼以本土低耗的技术，解决了夏热冬暖地区绿色建筑高科技、高成本的难题，纠正了社会对绿色建筑的片面认识，提升了社会各界的绿色理念水平。

建科大楼实现绿色低碳运营的最大优势在于充分践行了"共享理念"，实现了设计模式创新。在大楼设计、建造、运营、使用的再设计过程中，始终以"共享、集成、平衡"为核心，坚持设计者与业主共同参与，在设计的过程中追求设计、技术与自然之间平衡的设计观，通过共享建造与共享运营，打造了一个绿色共享平台。建科大楼采用自行开发的管理工具，基于各类人群感受、环境的影响分析，进行绿色建筑策划；基于实地检测数据进行数值模拟仿真分析，进行建筑、声、光、热、气流组织、交通组织方案设计；采用三维仿真协同设计方法，实现多专业协调配合，创新设计方法。

摒弃高尖技术冷拼，集成华南地区适宜的绿色建筑技术体系。基于气候和场地具体环境，通过建筑体型和布局设计，创造利用自然通风、自然采光、隔音降噪和生态共享的先决条件。基于建筑体型和布局，通过集成选用与气候相宜的技术，实现自然通风、自然采光、隔热遮阳和生态共享，提供适宜自然环境下的使用条件。集成应用被动式和主动式技术，保障极端自然环境下的使用条件。

建科大楼以"低成本"和"软技术"为核心，综合应用高效率、本土化的绿色建筑技术，实现了工程造价低至4300元/m^2，低于深圳市类似办公建筑的平均造价，为适宜中国国情的绿色建筑实现路径做出了有益的探索和示范。

2.8.5 推广建议

建科大楼是深圳地区首个集成应用低成本、高效率、本土化绿色建筑技术建设的成功范例，可广泛宣传推广建科大楼应用实践的"共享设计"理念，形成可复制推广的示范效应。可推广适应华南地区的绿色建筑技术体系包括：基于"凹"字型和功能布局，集成选用与气候相宜的本土化、低成本技术，摒弃高尖技术冷拼，实现自然通风、自然采光、遮阳隔热和生态补偿。

2.9 低碳运行——杭州大悦城购物中心

杭州大悦城购物中心中央空调系统采用4台制冷量为5274kW的开利离心式冷水机组和4台制热量为2800kW的力聚燃气真空热水锅炉作为冷热源为杭州大悦城购物中心提供舒适性的空调需求。调适前,杭州大悦城购物中心暖通空调系统年耗电量约612万kW·h,天然气年耗量约77万m^3;调适后,年节电量约210万kW·h,年节气量约29.9万m^3,年节省标准煤约1082t,年减少碳排放约2697t,系统综合节能率达35.8%。

2.9.1 案例概况

杭州大悦城购物中心节能改造项目位于杭州市拱墅区隐秀路1号,属于商场建筑,占地面积57259m^2,建筑面积合计233454.11m^2(地上面积为135484.11m^2,地下面积为97970m^2)(图2-47)。

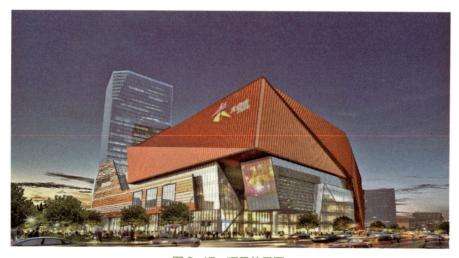

图2-47 项目效果图

杭州大悦城购物中心中央空调系统原采用4台制冷量为5274kW的开利离心式冷水机组、5台160kW冷冻泵、5台160kW冷却泵、8台45kW冷却塔风机、4台制热量为2800kW的力聚燃气真空热水锅炉、4台30kW热水泵作为冷热源为杭州大悦城购物中心提供舒适性的空调需求。通过空调系统"源—网—端"全系统设备及系统调适、运行策略优化及效率提升、实时监测,实现节能效果。

2.9.2 实施效果

（1）节能降碳效果

杭州大悦城购物中心于 2019 年 12 月对暖通空调系统进行了整体节能改造和运行调适，并于 2020 年底通过验收。改造后，经第三方节能量核定机构核定，年节电量约 210 万 kW·h，年节气量约 29.9 万 m^3，年节省标准煤约 1082t，年减少碳排放约 2697t，系统综合节能率达 35.8%，节能降碳效果明显。

（2）经济与社会效益

杭州大悦城购物中心年耗电量约 612 万 kW·h，天然气年耗约 77 万 m^3，折算标准煤约 3020t。改造后，经第三方节能量核定机构核定。按电单价 0.75 元 /kW·h、天然气单价 4.82 元 /m^3 计算，每年可节省 302 万元，项目投资回收年限一年多。

当前，大量商业综合体建筑具备节能系统改造投资的经济实力，但缺乏相应的节能管理技术与专业的运行优化调节管理能力，导致系统实际综合能效水平偏低。本项目虽然未采用合同能源管理方式，但通过专业公司提供综合节能、定制化、一体化节能优化服务方案，使用基于全数据链驱动的中央空调全链路智慧控制系统，实现用户自主实施技术节能、管理节能策略，提升用能效率。

2.9.3 主要做法

（1）技术标准创新方面

本项目在中央空调机房建立了一套全链路智慧控制系统，运用最新的数字孪生，物联网、大数据分析、气象预报检测、客流数据模糊预测、模型计算技术，脉冲神经网络构架等技术，通过 AI 技术的赋能，搭载深度学习算法和网络安全协议，提供快速、精准的数智融合体验，实现中央空调系统的能效提升和管理提升，从而达到节能减排的目的。

1）调适优化系统方案

以控制系统为统一的指挥调度中心，打通各个系统的通信链路，将采集的气象数据、室内环境质量数据、冷热源设备运行工况数据、各末端空调机组运行数据进行数据融合、数据分析、负荷预测、统一决策，真正实现中央空调系统按需供给、全自动、智能化及精细化运行，实现中央空调系统能效和管理的双项提升（图 2-48）。

空调系统主机能效优化策略。建立主机能效优化模型，提出基于实际工况拟合的主机特性曲线，实现根据冷量优化控制主机使用情况，实现综合高能效。

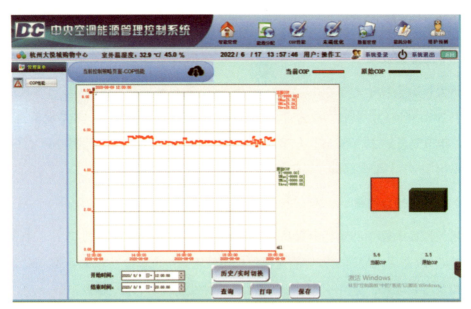

图 2-48 系统使用界面

基于水力平衡的水泵自适应变流量策略。基于水力平衡模型，计算各区域控制流量超标风险值，以最不利区域的超标风险值自适应控制负荷泵流量。

主机出水温度优化控制策略。建立气象预报模型，通过天气预报预测室外环境含湿量变化趋势，根据预测的室外环境含湿量预判断主机出水温度的控制范围，计算新风机组处理新风含湿量（舒适度）的超标风险，以超标风险动态调控主机出水温度。

冷却塔自适应变风量优化控制策略。建立自适应学习模型，在不同湿球温度下进行自适应学习，得出冷却塔逼近度，根据冷却塔逼近度及实时湿球温度计算冷却塔进水温度目标值，结合主机的冷凝热，通过冷却塔风机变风量精确控制冷却塔进水温度值。

冷却泵自适应变流量优化控制策略。建立大数据模型，利用大数据自适应学习分析最佳冷却水供回水温差，通过最优的冷却水供回水温差自适应控制冷却水泵变流量。

区域能量平衡优化控制策略。建立大数据模型，实时计算各区域的末端空调设备需求冷量，利用大数据寻找相似日校正系数（K值），计算需求冷量与实际冷量的比例，根据校正的实际需求冷量计算该区域的需求流量，通过区域调节阀控制该支路的实际流量，实现整个水力系统的能量平衡。

能量平衡控制的 K 值算法策略。建立大数据模型，利用大数据寻找相似日校正系数（K值），计算需求冷量与实际冷量的比例，K值计算分为开机阶段、运行阶段和加班阶段。

新风平衡优化控制策略。建立大数据模型，根据各区域二氧化碳浓度动态调节对应区域的新风量供应，结合室内舒适度控制目标新风含湿量，根据天气预报计算全天焓值变化趋势，优选在低焓值时增加新风量，实现错峰控制，根据室外新风焓值与室内目标焓值确定新风机组运行模式。

空调机组优化控制策略。建立大数据模型，根据室外新风焓值与室内目标焓值确定新风机组运行模式：过渡季节全新风模式、夏季新风预冷模式、夏季小新风模式、冬季小新风模式，根据送风含湿量、水阀开度、送风温度对超标风险进行计算，并以此优化控制制冷机出水温度。

风机盘管舒适度优化控制策略。建立大数据模型，结合区域目标舒适度设置范围，利用相似日推算合理的开机时间，以及预设当日运行各阶段的温湿度。温度控制：根据大开间自定义区间的环境温度，实时控制风机盘管的温度重设及风盘运行台数；湿度控制：通过控制新风含湿量，实现室内湿度控制；风量控制：保证达到目标温度时水阀关闭以及风机低速运行时的最低风量，多时段控制。

2）中央空调全链路智慧运维平台建设

全链路智慧运维平台作为统一的指挥调度中心有以下 8 个功能模块：能耗运维模块、能量平衡模块、系统性能模块、冷量运维模块、新风平衡模块、效益总览模块、大数据分析模块、系统全景模块。该系统不仅可以预测和管控空调设备，分析各区域间的能量平衡，保证各项设备性能，也可以实时控制各区域空气质量（图 2-49）。

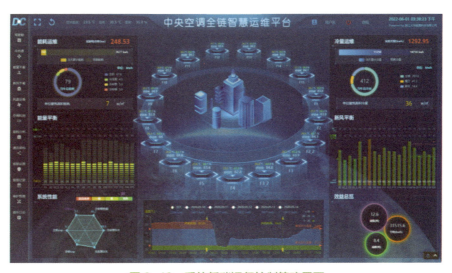

图 2-49 系统低碳运行控制策略界面

3）实时监测

杭州大悦城通过中央空调全链路智慧控制系统实时监测能耗数据及环境数据，冷源机房年平均综合能效 COP 达 5.3，达到提效节能的目的，空调系统节能率高达 35%。

（2）管理机制创新方面

管理机制创新主要包括设备维护创新和设备台账管理创新。系统可以记录各设备的维护时间、运行时间以及运行状态。管理人员可依据设备本身参数的异同，适当调节和设置各设备的维护周期。如当设备运行时间达到规定、预计故障率偏高或维护状态不达标时，系统将向管理人员和操作人员发出警报，提示对设备进行维护，从而提高设备效能，减小维护成本，提高设备寿命。通过对现场设备台账进行记录，如当设备发生无法排除的故障或运行异常时，设备管理人员和操作人员可依据台账对设备进行维护保养（图2-50）。

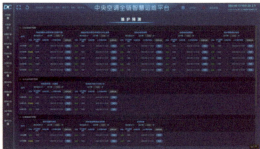

图2-50 系统综合管理功能展示界面

2.9.4 特点介绍

本项目针对中央空调系统调适，建立了一套全链路智慧控制系统，运用具有知识产权的算法，最新的数字孪生等信息技术实现中央空调系统的能效和管理双项提升。通过安装智能模块、变频驱动、传感元件等设备，打通各个系统的通信链路，解决多品牌、多系统、多通信协议融合难的问题，从而进行数据融合、数据分析、负荷预测、统一决策，真正实现中央空调系统按需供给、全自动、智能化及精细化运行管控，提升中央空调系统的运行能效，助力双碳目标实现。

2.9.5 推广建议

通过空调全系统调适与建筑运行模式相结合的方式，实现中央空调系统控制策略优化，达到建筑能效和管理双项提升，在不提高成本支出的情况下达到节能减排效果。具有资金支持的情况下，可辅助开展高效机组及高效制冷剂的更换，对于医院、数据中心等有着洁净要求的应用场景，还可以考虑增加相变热转移系统，配合空调全系统调适的优化，既满足了用户对空调舒适度的需求，又降低了空调系统运行费用和人工管理成本。

2.10 低碳运行——国网客服中心南北园区

国网客服中心南北园区以可再生能源为主要能源供应系统，以局域能源互联网运行调控平台为依托，面向区域内电、冷、热、水等多种用能需求，发挥各能源生产系统的互联耦合作用，实现园区内多能互补、协调供给及综合梯级利用，依靠先进运行策略保障了园区实现全电气化的低碳高效运行。可再生能源占比平均值32.75%，能源自给率运行值最高达56.38%。2020年实际年节约标准煤4937.2t，年减排二氧化碳12305.9t。

2.10.1 案例概况

国网客服中心南北园区（以下简称"南北园区"），目标是打造"国家电网能源技术与服务创新园区"，致力成为节能的先导、生态的示范、服务的典范。南北园区同时建设，采用同样的技术路线，同期投入使用，其中，北方园区位于天津市东丽区，建筑面积14.28万 m^2，容积率1.05；南方园区位于江苏省南京市江宁区，建筑面积13.6万 m^2，容积率0.98。南北园区绿化率均大于40%，可容纳共6000名员工的工作和生活（图2-51）。园区内主要建筑结构以钢筋混凝土框架体系为主，运行监控中心局部楼面屋面、公共服务楼二体育馆、呼叫中心、运营监控中心、公共服务楼一之间的钢连廊等部位采用钢结构。园区整体功能以办公为主，同时配套多种生活服务功能，承载了全业务人员的全部综合性服务。园区共包括运行监控中心、呼叫中心、生产区服务中心、生活区服务中心、换班宿舍等10栋楼宇，由北向南分为两个分区，北区为生产办公区，南区为辅助区。

图2-51 南北园区全景图（左为北方园区，右为南方园区）

2.10.2 实施效果

(1) 节能降碳效果

项目运营后依托局域能源互联网运行调控平台,对园区的用电量进行分项计量,实时监控,发现超额用电情况后及时采取积极措施进行整改,并建立能耗自动计算程序,实时监测能耗指标。据测算,南北园区年均电能替代量1297.67万kW·h,年均节约标准煤5190.7t,年均减排二氧化碳12937.8t。参照《建筑碳排放计算标准》GB/T 51366—2019,项目运行阶段,南方园区每年单位面积总温室气体排放为75.0kg CO_2,北方园区每年单位面积总温室气体排放为132.1kg CO_2。结合2020年运行数据,实现100%电能替代,合计节约标准煤4937.2t,减碳12305.9t。

(2) 经济与社会效益

南北园区为大力践行绿色能源,搭建局域能源互联网,集合光伏发电系统、冰蓄冷空调系统、地源热泵系统、蓄热式电锅炉系统、太阳能空调系统、太阳能热水系统以及运行调控平台等多种可再生能源子系统,总投资18701.7万元,比常规能源供给系统增加6037.7万元。借助智慧服务型创新园区综合决策管控平台的应用,园区整体在空调、照明、供水等方面能源消耗节省30%,有效节约了园区后期维护成本和运营成本。项目运行至今,经核算其实际运行数据可知,局域能源互联网年均节约费用846.6万元,太阳能热水系统年均节约电费91.3万元,光伏发电系统年均节约电费234.5万元。与常规能源系统相比,南北园区局域能源互联网年均节约运行费用1172.4万元,投资回收期5.15年,经济效益显著。

国网客服中心南北园区定位为国际科技领先、技术先进的智慧服务型创新园区,展现了园区在运营、办公、生活方面的智慧服务功能,提供了舒适健康宜人的工作生活环境,起到了应用示范作用。

2.10.3 主要做法

(1) 技术标准创新方面

为摆脱传统能源煤炭消耗量大、能源转换低的弊端,南北园区充分发挥电力技术优势,通过局域能源互联网的创新理念,以及云计算、物联网、大数据、智能芯片等技术,构建了局域能源互联网,实现了以电能为中心,多种可再生能源灵活接纳、广泛集成、灵活调度的清洁低碳能源系统;研发了智慧服务型创新园区综合决策管控平台,实现信息化、智慧化的园区管理。

1）局域能源互联网关键技术

在南北园区的建设过程中，以全面实现节能减排、清洁低碳为目标，规模化高效应用风、光、地热等可再生能源，建立以电能为中心、多种能源互补协同的局域能源互联网架构模型，全面集成风、光、储等多种分布式能源生产系统，构建"泛在物联、多能协调、网络共享"的局域能源互联网。项目创新研发了局域能源互联网系统的架构设计、多能源协调控制技术、评价指标体系等关键技术。创新点如下：

建立局域能源互联网典型建模方法。应用模块化的建模方法，可以结合不同地域、不同项目特点，在架构模型基础上灵活增减、组合或扩展提升，易于项目推广延伸；并将电力系统母线概念加以扩充，根据传输介质和电、冷、热、热水需求特征，构建能源母线结构模型，便于各母线节点功率平衡关系的描述。

运用分层协调控制技术。搭建运行调控主系统层、协调控制层、能源生产就地控制层三级控制体系，将就地控制层细化为系统层和主机设备层，在运行过程中，实现各能源子系统之间的相互协调控制，达到能源系统精细化运行的目标。

针对多种异质能流，研发基于多目标优化策略及多能源协调控制的局域能源互联网运行调控平台。采用日前调度计划与小时级调整方式，自动调控设备运行，达到节约能耗的目的。每天系统根据天气、用能等数据，自动计算出第二天的负荷预测，根据负荷预测，选择用绿色最优、节能最优或综合最优目标，实时调整各子系统设备出力，实现以需定产的目标。针对局域能源互联网的建设运营，建立了由局域、子系统、设备、环境四大类148项指标构成的局域能源互联网综合评价指标体系和评价方法，实现了客观评价。

高效清洁能源应用。为打造智能、绿色、节能型园区，缓解节能减排压力，满足园区高可靠性、高质量的供能需求，南北园区规模化应用太阳能、地热能、空气能、风能等清洁能源，其中，可再生能源利用包括分布式光伏发电系统（北方园区装机容量823kWp、南方园区装机容量1009kWp）、风力发电系统（南方园区装机容量80kW）、地源热泵系统（北方园区制冷量3690kW、制热量4065kW，南方园区制冷量4900kW、制热量4922kW）、太阳能热水系统（北方园区制热量1007kW，南方园区制热量1411kW）、太阳能空调系统（北方园区制冷量350kW、制热量210kW）、空气源热泵（北方园区制热量216kW，南方园区制热量1932kW）；蓄能调节利用包括冰蓄冷系统（北方园区制冷量6328kW、制冰量4680kW，南方园区制冷量7737kW、制冰量为5416kW）、蓄热式电锅炉系统（北方园区制热量8200kW，南方园区制热量6568kW）、储能微网系统（南北园区储能容量各50kW×4h）；常规节能利用包括基载冷水机组（北方园区制冷量6328kW，南方园区制冷量2461kW）。同时引入光伏发电树、发电单车、发电地砖（国内首批应用于工程实践）等新型清洁发电装置。按照"调得起、控得住、调得准"原则，研发部署了局域能源互联网运行调控平台作为调度控制中枢，实现多能负荷预测、运行优化调控、在线监测、运行分析及系统全生命周期运行维护等，按照"以需定产"的原则，实现对园区冷、热、电、热水的统一调度、优化管理和综合分析，为园区运营提供安全可靠、绿色环保和经济节能的能源供应，实现了光、冷、热、储等多种能源协调的示范应用，技术先进、效果良好。

2）智慧园区关键技术

南北园区部署弱电子系统38个，为了实现智慧服务，打通各智能化子系统，降低园区内的人员消耗，实现无痕服务，在建设过程中研究和开发了智慧园区关键技术（图2-52）。

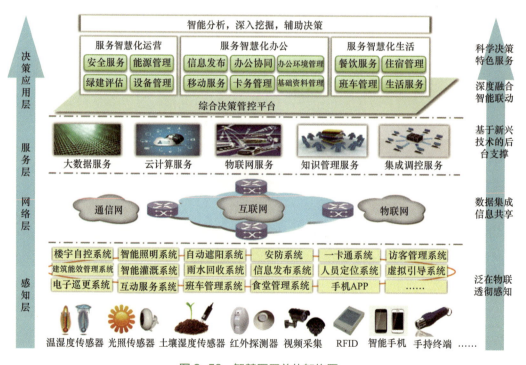

图2-52 智慧园区总体架构图

智慧园区综合决策管控平台。共部署了17520个信息测量点位，全面集成智慧楼宇、智慧能源、智慧安防、智慧环境等43项智慧服务弱电子系统。智慧园区综合决策管控平台主要服务场景有园区安防体系、园区一卡通系统、园区环境建设、创新应用、园区运营管理、呼叫大厅环境、智能会议管理、园区专用APP。通过充分利用"大数据、云计算、物联网、移动互联网"等先进技术对各种现场感知信息进行分析、诊断和处理，通过信息管理和控制逻辑的执行，有效融合园区内弱电、生产、信息管理、智能提升等园区业务系统，以实现对各子系统的全面集成、信息共享和智能联动，将园区打造成透彻感知、泛在物联、高度融合、智能联动的智慧服务型创新园区。

智慧园区多元异构数据融合与智能联动运行方法。基于Tucker分解的多源异构数据融合算法，构建具有异构空间维度特性的高阶张量以捕捉异构数据的高维特征，实现多源异构数据的融合和协同预警联动功能，解决多元化的异构系统数据、传输无法统一匹配等问题。

基于智慧园区运营全生命周期的决策评估体系。采用双层迭代的思想，构建了能源环境、信息化支撑、园区管理、园区生活融合共同体4个方面、10项评价指标的数据模型库、评价指标库；采用聚类（K-means）分析算法，获得决策和评价结果，解决智慧园区的评价指标和技术问题。

3）被动式节能技术

南北园区以低碳节能为导向规划设计园区建筑群朝向及布局，在考虑现有地形地势的基础上，尽可能地结合当地气候环境特点使建筑朝向及布局与当地最优工况基本符合。冬季最大限度地利用自然能取暖，夏季最大限度地减少得热并利用自然能降温冷却。优化利用太阳光照、太阳辐射、自然通风等气候参数进行被动式冷热调节，各主要人员活动空间内部通风状况均良好，更有利于室内环境热舒适性和人员健康，同时，减少暖通空调设备的使用，降低碳排放量。

园区内大多数办公建筑采用以中庭为核心的平面布局，各层的坐席用房围绕通高的中庭展开。中庭顶部为透明玻璃幕墙，既将自然光线引入室内，也减少了围护结构面积。中庭顶部与办公用房面对中庭侧均设有开启扇，在春秋两季可以打开，通过中庭自然形成往上拔风的烟囱效应，改善了通风。夏季和冬季，开启扇关闭，中庭成为室内的一部分，减少了能源消耗。

建筑立面采取全方位的遮阳手段，设置水平向遮阳百叶，采用浅色铝型材，同时兼做反光板，改善室内采光；并采用太阳能光伏发电板作为遮阳，集建筑立面造型、遮阳、发电多种功能于一体。各建筑屋面采用铝基银色反光涂料保护，减少热辐射。

4）室内环境舒适度控制

南北园区充分考虑员工室内热舒适健康与节能减碳的双重需求，在室内各主要功能房间均设置环境监测设备，对办公环境指标进行实时监测，并与环境管理系统联动。当室内二氧化碳浓度超标时，通风系统启动通风；当室内温湿度超过舒适度限定值时，暖通空调系统自动调节空调温度、新风量，提升员工办公的舒适度并减少因温度设置不合理造成的额外能源消耗与浪费。

5) 绿色生态园区建设

南北园区在低碳节能的目标下将绿色生态作为重要建设内容，将自然景观更好地融于人工建筑，在项目场地内以乔、灌、草的复层绿化方式建设大量的绿化景观，南北园区绿化率均大于40%。同时，园区强调立体绿化，建筑室内种植具备自动滴灌系统的垂直绿化；室外立面种植爬山虎，起到降低外立面夏季温度、净化汽车废气、美化环境的综合作用。与此同时，项目下垫面采用大面积景观水体，不仅丰富了场地环境，而且起到改善场地微气候、降低室外热岛强度、提高场地生态环境质量的功效。

（2）管理机制创新方面

南北园区完全以智慧化运营的模式开展园区日常管理，开发了智慧园区综合决策管控平台，实现了智慧园区多元异构数据融合与智能联动；创建了基于智慧园区运营全生命周期决策和评价体系，基于云平台的标准化管控实现了应用，最终实现智慧服务型创新园区智慧化、人性化、便捷化需求。园区构建了智慧服务型创新园区标准化体系，围绕电能替代、园区绿化、新能源容量、园区能源利用效率、园区管理等多方面综合评价园区碳排放水平，为园区碳中和的实施提供可实施、可复制、可推广的方式手段。

2.10.4 特点介绍

南北园区作为大型综合性服务功能园区，以灵活应用被动式节能为规划设计宗旨，充分发挥各能源生产系统的互联耦合作用，实现园区内多种能源优势互补、协调供给及综合梯级利用，保障了项目实现全电气化的低碳高效运行，每年减排二氧化碳可达万吨左右。

南北园区秉持"提高清洁能源装机容量，提高能效比，提高可再生能源占比，降低能源消费总量"的"三高一低"建设理念，提出了打造"绿色生态园区、绿色能源园区、绿色服务园区、绿色智慧园区"的四大理念，采用云计算、大数据和智能化关键技术，基于感知、互联和智能化思想，率先探索实施了局域能源互联网，充分应用区域内太阳能、风能、地热能等可再生能源，建立了横向多种能源互补利用和纵向"源网荷储"协调的综合能源系统，实现了能源生产和消费的综合化、清洁化、智能化、"以需定产"、节能减排，高度契合国家"双碳"目标和新型电力系统发展要求。创新实施了智慧园区，开发智慧园区综合决策管控平台，实现建筑能源和资源能耗实时监测与统计分析，基于云平台的标准化设备运行调控，创建决策和评价体系，形成了一套适宜当地生态规律、满足员工身心需求的现代园区运营模式。引入多项现代建筑技术、各类新型建材与部品，共采用40余项绿色建筑技术措施与低碳节能科技，秉持节能、环保的理念贯穿日常运营管理的细枝末节之中，充分契合园区低碳化运营、高质量服务的管理宗旨，创造了绿色低碳智慧的办公园区。

2.10.5　推广建议

南北园区营造兼具舒适宜人与低碳可持续的服务环境，将园区塑造成创新、开放的综合服务有机体，秉持以人为本的原则，将建筑使用者的切身需求与生态经济效益有机结合。

采用多种可再生能源系统、主动与被动建筑节能技术最大限度地节约资源、保护环境和减少污染，为后续建筑低碳节能、绿色建筑设计及相关领域更深层次的研究与发展奠定基础。证明了大体量办公园区实现绿色低碳运营的可行性。

针对不同建筑类型制定了能源供应和用能管理解决方案，从整体架构设计方面充分考虑系统的灵活延展性和复制可行性，通过建立标准化的架构体系，形成标准化解决方案，便于因地制宜，结合不同地域，不同项目的特性，灵活组合提升，绝大部分项目可适用此套标准化解决方案。

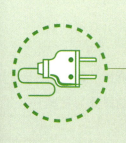

第3章

乡村领域

3.1 美丽乡村——花垣县十八洞村

十八洞村立足于自身特点采用"户分类、村收集、镇转运、区域集中处置"的城乡一体化收运处置模式,建成包括分类垃圾箱、分类收集车、分类收集房、垃圾中转站、阳光沤肥房等一系列设施,实现生活垃圾收运率100%、无害化处理率100%、湿垃圾资源化利用率100%;减排二氧化碳总量为188.01t/a;产生经济效益20432元/a;可为全国范围内其他贫困地区的垃圾分类模式、设施运营管理长效机制及垃圾资源化利用提供大量经验,具有很强的示范性。

3.1.1 案例概况

十八洞村隶属湖南省湘西土家族苗族自治州,位于湖南省西部,武陵山脉中段,湘黔渝交界处的湘西花垣县。地处素有花垣"南大门"之称的排碧乡西南部,紧临吉茶高速、209国道和319国道,距县城40km,距州府35km,距矮寨特大悬索桥8km,高速出口5km。全村辖4个自然寨,6个村民小组,总计230户,959人,属纯苗聚居区,苗族风情浓郁,苗族原生态文化保存完好。十八洞村地处高寒山区,冬长夏短,属高山溶岩地区,海拔700m左右,生态环境优美。

随着十八洞村旅游产业的开发,对十八洞村的生态环境造成了一定的冲击,主要存在以下问题:

(1)垃圾收集与处理缺乏专业规划,设施布置不合理,与自然环境不协调。

(2)十八洞村生活垃圾收集、清运系统基础设施薄弱,无垃圾分类设施,垃圾收集点布置不规范且数量稀少,无法满足国家及省相关要求。

(3)根据十八洞村规划,全村将大力开发旅游资源,现每年流动人口25万,待基础设施配套完成后旅游人口将逐步增加,现有设施数量无法满足未来经济发展需要。

(4)缺乏专门的环境卫生管理机制、管理办法、考核机制等,现有清扫保洁以自发形成为主,没有系统化管理,导致生活垃圾清扫不及时、转运不及时、无害化处理不达标,时有垃圾露天焚烧、随意倾倒等情况发生(图3-1)。

图 3-1　十八洞村原有垃圾收集情况

3.1.2　实施效果

（1）节能降碳效果

采用《省级温室气体清单编制指南（试行）》中提供的质量平衡法估算十八洞村节能降碳水平：

垃圾分类前主要包括垃圾焚烧、垃圾填埋的排放；分类后主要包括垃圾填埋、厌氧堆肥、有害垃圾，可回收垃圾处理不考虑碳排放。

1）垃圾填埋碳排放估算

根据十八洞村实际情况并参照《省级温室气体清单编制指南（试行）》中提供的参数，各类指标取值如下：MSW_T（总的城市固体废弃物产生量）=730t/a；分类前 MSW_F（城市固体废弃物填埋处理率）=50%，分类后 MSW_F=40%；MCF（甲烷修正因子）=0.4；DOC（可降解有机碳）=40%；DOCF（可分解的 DOC 比例）=0.5；F（甲烷在垃圾填埋气体中的比例）=0.5；R（甲烷回收量）=0；OX（氧化因子）=0.1。

根据上述取值可计算垃圾填埋碳排放，结果如下：生活垃圾分类前，ECH_4（甲烷排放量）=17.52t/a；生活垃圾分类后，ECH_4=14.01t/a。因此，实施生活垃圾分类后，垃圾填埋方面甲烷排放量减少 3.51t/a，每年减排二氧化碳 87.75t。

2）垃圾焚烧碳排放估算

根据十八洞村实际情况并参照《省级温室气体清单编制指南（试行）》中提供的参数，上述各类指标取值如下：分类前 IW（废弃物焚烧量）=365t/年，分类后 IW=0t/年；CCW（废弃物中的碳含量比例）=20%；FCF（废弃物中矿物碳在碳总量中比例）=39%；EF（废弃物焚烧炉的燃烧效率）=95%。

根据上述取值可计算垃圾焚烧碳排放，结果如下：生活垃圾分类前，ECO_2（废弃物焚烧处理的二氧化碳排放量）=99.17t/年；生活垃圾分类后，ECO_2=0t/年。因此，实施生活垃圾分类后，垃圾焚烧方面每年减排二氧化碳99.17t。

3）垃圾收运碳减排估算

实施生活垃圾分类后，垃圾收运频率降低，年收运总量降低，垃圾外运总量从垃圾总量的50%下降至40%。垃圾收运过程中能耗主要是垃圾转运车油耗，十八洞村垃圾转运车载重规格为5t，综合油耗为40L/100km，年油耗计算如下：

生活垃圾分类前后外运垃圾总量分别为365t/年和292t/年；生活垃圾分类前后年转运趟数分别为73趟/年和59趟/年；从十八洞村到花垣县生活垃圾填埋场转运距离为40km；生活垃圾分类前后垃圾转运车年油耗分别为2336L和1888L。根据BP中国碳排放计算器提供的资料：节约1L柴油=减排2.63kg二氧化碳=减排0.717kg碳。因此，实施生活垃圾分类后，垃圾收运方面每年减排二氧化碳1178.24kg。

综上所述，实施生活垃圾分类后，在垃圾填埋、垃圾焚烧及垃圾转运方面每年减排二氧化碳188.10t。

（2）经济与社会效益

生活垃圾分类产生经济效益主要在垃圾收运、垃圾处理及沤肥回用三个方面，具体核算如下：

1）垃圾收运经济效益：实施生活垃圾分类前，十八洞村生活垃圾是运往花垣县生活垃圾填埋场进行处置。实施生活垃圾分类后，无机垃圾、湿垃圾均就地处置，村内生活垃圾分类减量率达到60%；垃圾收运方面每年可节省油耗448L，按柴油价格6.5元/L计算，每年产生经济效益2912元。

2）垃圾处理经济效益：实施生活垃圾分类前，十八洞村生活垃圾在花垣县生活垃圾填埋场的处置费用约50~60元/t。实施生活垃圾分类后，日均处理量降低60%，转运至填埋场处置的垃圾总量降低20%，每年减少73t，每年节省垃圾处理费约4380元。

3）沤肥回用经济效益：根据相关工程经验，1t湿垃圾可生产300kg左右有机肥料，有机肥料售价约200元/t，实施生活垃圾分类后，每年可产生湿垃圾约219t，每年可产生有机肥料65.7t，每年节约肥料使用费约13140元。

综上所述，实施生活垃圾分类后，在垃圾收运、垃圾处理及沤肥回用三个方面每年产生经济效益为20432元。

社会效益方面，生活垃圾分类有利于促进十八洞村生态环境卫生和居民生活环境的改善，提高当地人民的生活水平和生活质量，主要社会影响见表3-1。

主要社会影响 表3-1

序号	社会因素	影响程度	措施建议
1	居民接纳度	大部分人接纳	加强生活垃圾分类知识宣传教育
2	居民收入	间接促进当地居民收入增长	—
3	居民生活水平与生活质量	显著提高	—
4	居民就业	项目所在地，轻微促进	环卫保洁人员由村民担任
5	当地文化教育卫生	项目服务范围，一定程度促进发展	—
6	当地基础设施和城市化进程	项目所在地，显著促进	—

3.1.3 主要做法

（1）城乡一体化收运模式

农村生活垃圾主要以村镇就地处理为主。结合农村的实际情况，遵循垃圾处理减量化、资源化、无害化的原则，按照垃圾处理尽量不出村、垃圾处理低成本和可持续的要求，积极探索并选择符合农村实际的垃圾处理方式，鼓励资源回收企业在村镇设立回收点。有条件的农村应优先采用城乡一体化治理模式。

十八洞村作为住房和城乡建设部第四批中国传统村落及全国文明村镇，在全国具有较大的知名度。近年来，十八洞村利用自身环境优势大力发展旅游产业，其对环境要求较高，采用分散处理难以保证运营管理达标。因此，十八洞村采用"户分类、村收集、镇转运、区域集中处置"的城乡一体化收运处置模式（图3-2）。

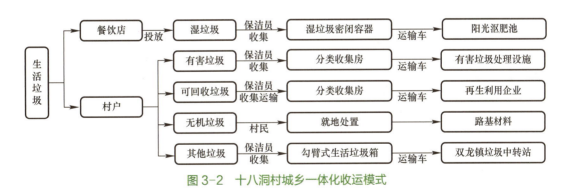

图3-2 十八洞村城乡一体化收运模式

（2）生活垃圾分类模式

生活垃圾分类收集是指从生活垃圾处理的要求和资源回收的角度，应对各种不同类型的生活垃圾分门别类地进行适宜的处理。分类收集可以提高回收物资的纯度和数量，减少需要运输的垃圾量，降低垃圾运输成本，简化处理工艺，有利于生活垃圾的资源化和减量化。

结合花垣县生活垃圾分类现状，十八洞村采取五类垃圾分类方式，具体包括：可回收垃圾、有害垃圾、无机垃圾、湿垃圾、其他垃圾（图3-3）。

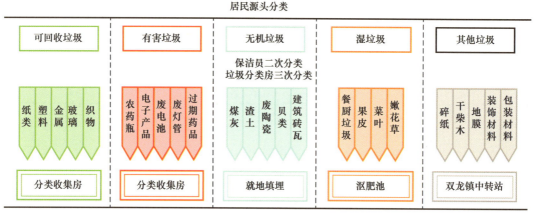

图3-3 十八洞村生活垃圾分类模式

(3) 生活垃圾收集设施建设

垃圾分类收集房。分类收集房由可回收物暂存间、有害垃圾临时储存间、勾臂式生活垃圾箱暂存间和工具间等组成，便于保洁人员暂存分类后的垃圾。同时，在收集房内设置分类宣传牌、垃圾分类框架图，指导收集工作人员操作、执行。分类收集房数量根据村规划确定（图3-4）。

图3-4 十八洞村分类垃圾箱、分类收集车

飞虫寨分类收集房。飞虫寨分类收集房服务飞虫寨和当戎寨，分类收集房由垃圾分类房、勾臂式生活垃圾箱储存间、工具间、休息室组成，总占地面积约193m²。飞虫寨分类收集房集中收集飞虫寨和当戎寨每日产生的其他垃圾，并清理至双龙镇中转站（图3-5）。

图3-5 飞虫寨分类收集房实景图

梨子寨分类收集房。梨子寨分类收集房服务梨子寨和竹子寨，分类收集房由垃圾分类房、勾臂式生活垃圾箱储存间、工具间、运输平台组成，总占地面积约115m²。勾臂式生活垃圾箱储存间占地面积12.25m²（一层建筑），房间内摆放勾臂式生活垃圾箱，箱体容积3m³，集中收集梨子寨和竹子寨每日产生的其他垃圾，并清理至双龙镇中转站。运输平台占地面积59.5m²，主要用于勾臂车、收集车的停放等。工具间占地面积9.65m²，主要用于日常清扫工具、垃圾箱、垃圾桶等设施的摆放（图3-6）。

图3-6 梨子寨分类收集房实景图

垃圾中转站。作为十八洞村村容村貌提升项目工程内容之一，其服务范围不单是十八洞村生活垃圾转运，未来将作为全镇域的生活垃圾转运中心。垃圾中转站选址位于319国道旁约300m处。根据双龙镇提供的数据，双龙镇镇域范围共计27村，总人口3.1万，按照人均清运量约0.2kg/d计，垃圾产量变化系数取值1.5，日均垃圾清运量约9.3t，考虑到远期发展，双龙镇垃圾中转站建设规模取值12t/d。从技术、经济、社会环境效益等方面综合考虑，本垃圾中转站压缩工艺采用"垂直直接压缩式"工艺（图3-7）。

图 3-7 垃圾中转站实景图

阳光沤肥房。阳光沤肥房由阳光棚与沤肥池组成，阳光棚为铝合金制棚，沤肥池主要用于处理十八洞村餐厨垃圾，根据《餐厨垃圾处理技术规范》CJJ 184—2012，人均餐厨产生量为0.1kg/d；根据十八洞村旅游规划，预计十八洞村每天游客量将达到2211人，另外，村民人口959人，故十八洞村每天餐厨垃圾产生量约317kg。此外，部分果园残枝剩叶按照400kg/d考虑。沤肥池尺寸为5.6m×2.6m×3.0m，有效容积29.12m³，当沤肥时间大于60d时，其产生的液体肥料及沤肥残渣就地返回农田和果园作为农家肥使用，并由村委会统一管理（图3-8）。

图 3-8 沤肥池实景图

（4）创新集成管理模式

创造性地为十八洞村设计村级生活垃圾分类模式，生活垃圾实现分类投放、分类收集、分类运输和分类处理，减少生活垃圾外运处置的规模，提高生活垃圾资源回收率和就地无害化处理率，具体如下：

① 可回收垃圾源头分类、集中收集、集中处置，提高了可回收垃圾的回收利用率、节省收运成本。

② 湿垃圾就地利用、沤肥回用，减少外运量，沤肥产物回用农田、果园，减少化肥使用量，保护环境的同时节省农民生产成本。

③ 有害垃圾源头分类、集中收集、集中处置，防止有害垃圾对周边水田、果田、菜园造成污染，进而影响居民人身健康。

④ 无机垃圾作为筑路材料、回填土石等就地利用，减少外运量，节省外运处置费用。

⑤ 其他垃圾集中外运处置。

（5）人员组织管理模式

实施过程，强力行政推动，明确责任主体，健全协调机制。采用多元化资金筹措。建立"社会捐助、群众缴费、财政补贴"的资金筹集模式，建设费用通过社会企业捐助的形式募捐而来。运行费用主要由市、县两级财政解决。运行过程，全方位监督考核，一是政府层面，实行分类工作分级考核制度；二是村委会和村党员干部层面，实行垃圾分类目标化管理；三是保洁员层面，建立分类评优制度；四是农户层面，建立环境卫生荣辱榜制度。推进社会广泛参与，规范设施运行维护。

3.1.4　特点介绍

因地制宜，根据十八洞村山地地形、生活习性、民居分布、旅游景点分布等实际情况，经济合理地设置十八洞村生活垃圾收集与处理设施。精准分类，为十八洞村设计生活垃圾分类模式，将生活垃圾分为湿垃圾、可回收垃圾、有害垃圾、无机垃圾和其他垃圾。过程全控，实现生活垃圾分类投放、分类收集、分类运输和分类处理各个环节可控、可管。废物利用，采用就地沤肥的方式对湿垃圾进行资源化利用，其产生的液体肥料及沤肥残渣就地返回农田和果园作为农家肥使用。机制长久，为十八洞村编制生活垃圾收集与处理设施长效机制，确保生活垃圾收集与处理设施能长久有效地运行。

实现十八洞村生活垃圾收运率100%、无害化处理率100%，湿垃圾资源利用率100%，极大改善十八洞村人居环境、村容村貌，间接促进村内旅游业长期发展和村民收入稳步增长。

3.1.5 推广建议

全国范围内贫困地区均可采用城乡一体化收运模式、生活垃圾分类模式、生活垃圾收集设施建设等方式，设计村级生活垃圾分类模式，实现生活垃圾分类投放、分类收集、分类运输和分类处理，减少生活垃圾外运处置规模，提高生活垃圾资源回收率和就地无害化处理率。积极推动行政管理，促进多元化资金筹措、全方位监督考核、社会广泛参与等，配合美好乡村建设工作，推动乡镇绿色低碳发展。

3.2 绿色农房——沈阳市装配式超低能耗绿色农房体验中心

沈阳市装配式超低能耗绿色农房体验中心建筑面积123.45m², 供暖面积92.15m², 采用轻钢骨架复合保温外墙和屋面等高性能围护结构系统及太阳能热水地板辐射供暖系统。经过3年的能耗监测, 该建筑年供暖耗电量约1430.5kW·h, 年供暖费约700元, 年减排二氧化碳约6.99t, 节能降碳效果显著。该技术体系具有高装配率、高节能率、高性价比的优势, 且实现了严寒地区农村建筑可再生能源利用率大于60%的良好效果。

3.2.1 案例概况

沈阳市装配式超低能耗绿色农房体验中心(简称"绿色农房体验中心")是沈阳市城乡建设局和沈阳建筑大学联合打造的装配式超低能耗绿色农房示范项目。项目建设地点位于沈阳市辽中区刘二堡镇高登堡村, 属于严寒C区。绿色农房体验中心为单层建筑, 建筑面积为123.45m², 供暖面积92.15m²。该建筑按照超低能耗建筑原则设计, 采用轻钢骨架复合保温外墙系统、轻钢骨架复合保温屋面系统等高性能围护结构, 并采用太阳能热水地板辐射供暖系统(图3-9)。

图3-9 沈阳市装配式超低能耗绿色农房体验中心

太阳能供暖系统剖面分析图如图3-10所示, 室内采用太阳能热水地板辐射供暖系统，热水盘管分别布置在客厅、卧室、餐厅、厨房地面，保温水箱布置在设备间。太阳能集热系统采用平板太阳能集热器，集热面与地面夹角为30°，正南放置，由8台2000mm×1000mm×80mm规格的平板集热器组成，太阳能集热器总面积仅为16m²，并配以500L储热水箱，集热器与供暖面积比为1：5，采用远程智能控制技术，该技术也对建筑供暖能耗和室内温湿度环境进行了监控计量。

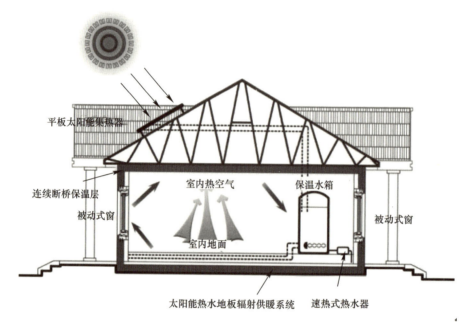

图3-10 绿色农房核心技术剖面分析图

3.2.2 实施效果

（1）节能降碳效果

本绿色农房体验中心地处严寒C区，自2018年11月运行以来总计耗电量4291.5kW·h，供暖面积92.15m²，共运行3个供暖季（共450d）。供暖期内每天耗电量约9.54kW·h，每年供暖耗电量约1430.5kW·h，每年供暖费约700元，每年排放二氧化碳1.11t，每年每平方米排放二氧化碳量为0.01205t。

普通农房每个供暖季约燃煤2.5~3.5t，每年排放二氧化碳8.1t，每年每平方米排放二氧化碳0.08790t。

相比之下绿色农房在显著提升室内环境舒适度的条件下，每年减排二氧化碳6.99t，建筑寿命按50年计算，全寿命周期内运行阶段减排二氧化碳349.5t，每年每平方米减排二氧化碳量 0.0759t。建筑节能效果及减排效益明显[参照依据东北区域电网碳排放因子为 0.7769kg CO_2/（kW·h）]（图 3-11）。

（2）经济与社会效益

以 100m^2 绿色农房为例，按照装配式建筑 75% 节能标准，总价约 25.0 万元，折合每平方米单价为 2500 元，包含项目及技术应用见表 3-2，性价比相对较高。

图 3-11 建筑总运行能耗

75% 节能标准施工项目及技术应用一览表　　　表 3-2

序号	包含项目		技术简介
1	墙体结构	预制外墙	预制轻钢轻混凝土无热桥墙体
		预制内墙	EPS 保温层 100mm 厚
2	外门窗	—	65 系列塑钢门窗
3	屋面	预制屋面板	预制轻钢轻混凝土无热桥屋面板；顶棚 XPS 保温板 100mm 厚
		坡屋面	通风坡屋面，树脂瓦防水
4	地面	—	地面混凝土 80mm 厚；地面 XPS 保温板 80mm 厚
5	装饰与装修	内装修	墙面：石膏板衬板，大白饰面 顶棚：纤维增强水泥板衬板，大白饰面 地面：瓷砖饰面 内门、内窗、踢脚线
		外装饰	薄抹灰外墙系统，防水涂料饰面；预留外网接口
6	水电安装	—	室内上水、下水管线设备及安装；室内强电、弱电管线设备及安装
7	室外设施	—	室外台阶、散水

按建筑使用寿命 50 年计算，建筑供暖费用为 3.5 万元。绿色农房全寿命周期内建筑主要运营费用为 28.5 万元。随着农村劳动力减少，人工成本增加，以严寒 C 区一栋 100m^2 的普通农房为例，其建造成本约为 1500~1600 元/m^2，建筑初投资为 15 万~16 万元，按 15 万元计算；普通农房每个供暖季约燃煤 2.5~3.5t，按 3.0t/年计算；沈阳地区燃

煤价格在 1200~1700 元 /t，按 1450 元 /t 计算，普通农房每年供暖费为 4350 元。普通农房 50 年内建筑供暖费用为 21.75 万元，建筑主要运营费用为 36.75 万元。从全寿命周期看，绿色农房相对于普通农房建筑主要运营费用节省 8.25 万元。

绿色农房不仅促进了地区就业率水平提升，保障了建筑质量性能水平提升，也提升了居民满意度，提高了舒适度。与普通农房相比具有突出优势，居民能享受更舒适的居住环境，提高居民生活质量，从而提升居民满意度、舒适度。

3.2.3 主要做法

绿色农房体验中心在空间布局上紧扣东北农村生产生活习惯，实现了基本居住空间的寝居分离、食寝分离、洁污分离，创造了两室两厅一卫一厨一设备的标准化生活空间。同时，绿色农房体验中心立足严寒地区气候特征，考虑农村用能实际，对建筑空间进行了热需求分级，并给出空间供暖设计要求，其空间布局如图 3-12 所示。以主要房间为核心，将卧室、客厅布置于南向以利于被动式太阳能得热，厨房、餐厅、卫生间、设备间等次要用房布置于北向，提高主要房间的热稳定性，将不供暖的闷顶、仓储用房等空间布置于主要房间两侧，保护主次要房间，并作为温度缓冲空间。

由于绿色农房体验中心北侧临主要道路，且与主要道路之间已预留发展用地，因此，

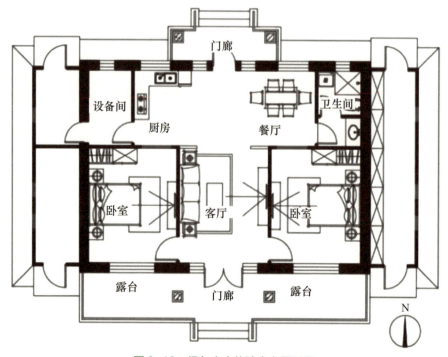

图 3-12　绿色农房体验中心平面图

在建筑设计时考虑北向为临街立面，将北向立面风格与南向设计一致，建筑形式以体现新风貌的现代简欧风格为基调，以米黄和棕红色系为主。

（1）围护结构

绿色农房体验中心是一栋大体型系数的一层居住建筑，对围护结构的保温隔热性能要求较高，只有保证较低的围护结构传热系数才能保证室内居住环境的健康舒适。绿色农房体验中心采用轻钢骨架复合保温外墙系统、轻钢骨架复合保温屋面系统等高性能围护结构，其外墙传热系数为 0.147W/（m²·K），屋面传热系数为 0.13W/（m²·K），地面传热系数为 0.15W/（m²·K），外窗传热系数为 1.7W/（m²·K），建筑围护结构气密性为 0.85，建筑围护结构面积及传热系数见表 3-3。高性能的围护结构为创造舒适的室内环境和极低的暖通空调系统能耗提供了坚实的保障。

建筑围护结构面积及传热系数表　　　　　表 3-3

围护结构	面积（m²）	传热系数 [W/（m²·K）]
外墙	132.44	0.147
外窗	34.24	1.7
地面	78.28	0.15
屋面	192.12	0.13

（2）供暖系统

绿色农房体验中心采用太阳能热水地板辐射供暖系统，采用 16m² 的太阳能集热器及 500L 的储热水箱为建筑供暖提供热源，室内供暖末端采用低温地板辐射供暖系统，并对建筑供暖能耗和室内温湿度进行了监控计量。当太阳能资源充足时，平板集热器利用太阳能将介质加热并通过 P_1 循环泵为储热水箱内的热水升温，室内供暖循环泵 P_2 将储热水箱内的热水循环至室内地面混凝土层内，为建筑提供供暖；当夜间或太阳能条件较差时，启动蓄热水箱内的电加热设备提供热源。主要设备功率为：P_1 循环泵 200W、P_2 循环泵 94W、电加热设备 3kW，整个供暖系统采用物联网云端远程智能控制技术。最终实现室内主要房间温度波动性更小，温度变化更稳定，极大地改善了东北地区农村民居冬季室内热环境，实现严寒地区农村建筑可再生能源利用率大于 60% 的良好效果（图 3-13）。

3.2.4 特点介绍

绿色农房体验中心采用装配式轻钢结构超低能耗农房建造技术，按照超低能耗建筑设计原则，采用轻钢骨架复合保温外墙系统、轻钢骨架复合保温屋面系统等高性能围护

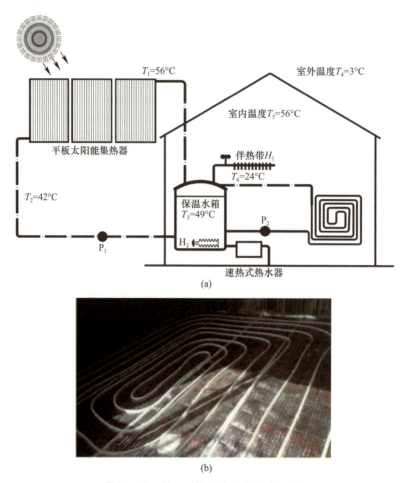

图 3-13 供暖系统设计及施工流程图
（a）供暖系统原理示意图；（b）低温地板辐射供暖系统敷设

结构。建筑采用太阳能热水地板辐射供暖系统，采用 $16m^2$ 的太阳能集热器及 500L 的储热水箱为建筑供暖提供热源，实现了严寒地区农村建筑可再生能源利用率大于 60% 的良好效果。绿色农房体验中心在辽宁省沈阳市辽中区刘二堡镇建造示范，创造出供暖期每天耗电 9.54kW·h，室内平均温度达到 18℃以上的优异效果。按照装配式建筑 75% 节能标准，建筑造价每平方米单价为 2500 元，性价比较高。

3.2.5 推广建议

绿色农房建设需要考虑经济性，增量成本对于收入不高的农村居民是个不小的负担，将阻碍绿色农房建设的推进，需要选择适宜绿色农房的绿色技术。在农村推广超低能耗建筑，围护结构方面，建筑外围护结构的传热系数可尽量提高，以保证建筑良好的保温隔热性能；而建筑气密性能不宜过高，因为高气密性超低能耗建筑室内要保持机械通风，新风系统不可或缺，而农村居民不常使用易导致室内湿度偏高，影响室内舒适度。同时，农村超低能耗建筑智能控制技术不宜过多使用，由于农村居民受教育程度相对偏低，极有可能不明悉其运行原理、操作流程导致误操作，造成智能控制设备无法正常使用或使用率低下。热水系统方面，严寒地区夜间气温较低，太阳能热水系统易出现运行故障，因此，严寒地区应谨慎选择太阳能热水供暖系统，宜采用运行更为稳定的空气源热水供暖系统。节能运行方面，将农村居民使用的商品能源按类别独立计量收取费用，可以方便管理，促进农村居民自觉履行节能行为。

第4章

市场配套机制领域

4.1 电力需求侧响应——杭州东方茂商业中心

杭州东方茂商业中心在中央空调系统需求响应信息模型、运行调控策略生成方法、参与需求响应业务的效果评价方法方面实现了技术创新。针对传统电力系统运行模式，在商业模式、激励机制方面进行创新，促进电力系统运行方式从"源随荷动"向"荷随源动、源网互动"转变，提升电力系统调节能力和运行效率。需求响应前离心式冷水机组平均负荷为1226kW，需求响应后平均负荷为760kW，平均削减负荷466kW，削减负荷达到负荷容量的38%。

4.1.1 案例概况

杭州东方茂商业中心电力实时需求响应项目位于杭州市下城区长浜路，项目建筑物为商业综合体，总建筑面积约为14万 m²（图4-1）。夏季采用离心式冷水机空调制冷。项目用电负荷随商业综合体运营时间变化，由于周末商业综合体营业时间普遍加长，其用电高峰时段一般会延长。商业综合体全年用电高峰主要集中在夏季，一般在6—9月，以空调负荷占比最大。项目有3台离心式冷水机组，单台额定功率为844kW，7—8月下午及晚上开启2台冷水机组，平均运行负载率为70%，其余月份及时间段开启1台冷水机组。

图4-1 项目效果图

离心式冷水机组设有BA空调控制系统，用户通过该系统控制冷水机组出水温度、主机电流比、末端管道阀门及水泵频率等。离心式冷水机组开机策略见表4-1。

离心式冷水机组开机策略　　　　　　表4-1

设备用途	设备类型	额定功率(kW)	设备序号	天气条件1（天气热，最高温度未到35℃）	天气条件2（高温黄色预警，天气热，最高温35℃以上）	天气条件3（高温橙色预警，天气炎热，最高温度37℃以上）
制冷	离心式冷水机组	844	1	开	开	开
制冷	离心式冷水机组	844	2	关	开	开
制冷	离心式冷水机组	844	3	关	关	关

4.1.2 实施效果

（1）节能降碳效果

杭州东方茂商业中心于2021年7月12日15:00～16:19对离心式冷水机组进行了分钟级需求响应调节，该日最高温度达到37℃，离心式冷水机组日负荷曲线如图4-2所示。

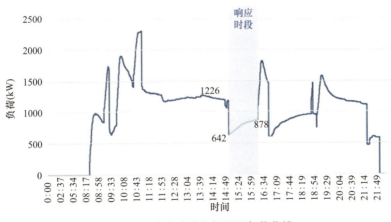

图4-2　离心式冷水机组日负荷曲线

需求响应前，离心式冷水机组平均负荷为1226kW；需求响应期间，仅对1号离心式冷水机组进行调节，需求响应开始和结束时的负荷分别为642kW和878kW，平均负荷为760kW，平均削减负荷466kW，削减负荷达到负荷容量的38%。需求响应有效避免了为应对此部分峰值用电负荷而处于热备状态的发电容量，延缓了电网输变配容量增容速度，节能降碳效果明显。

（2）经济与社会效益

需求响应按照分钟级响应评估，用户可享受参与需求响应的补贴。《省发展改革委省能源局关于开展 2021 年度电力需求响应工作的通知》（浙发改能源〔2021〕197 号），分钟级响应采用"两部制"补贴方案，即容量补贴和电量补贴。

容量补贴针对用户的当月响应备用容量，杭州东方茂商业中心在 7 月需求响应 1 次的情况下，容量补贴费 $R_{容量}$=500 元。电量补贴针对用户当月实际响应电量，杭州东方茂商业中心申报响应容量为 500kW，实际平均响应负荷（平均削减负荷）为 466kW，实际负荷响应率为 93.2%，按有效响应电量乘以固定单价 [4 元/（kW·h）] 进行补贴。根据数据实测情况，电力负荷采集 96 个时间点后，测算得出有效响应电量为 526kW，电量补贴 $R_{电量}$=526×4=2104 元。本案例在 2021 年仅 7 月份参加过 1 次需求响应，平均响应负荷为 466kW，响应时间为 1h19min，杭州东方茂商业中心获得补贴金额为 2604 元。

从社会层面讲，杭州东方茂商业中心实际平均响应负荷为 466kW，投资约 17 万元，按照浙江省 2020 年形成 15 万 kW 空调实时响应负荷的目标，需总投资约 5472 万元。如果不实施需求响应，为了满足用户最大用电需求，需要投资建设电厂和电网，满足 15 万 kW 负荷总投资约 15 亿元。因此，实施需求响应，不仅可以大幅减少电力建设投资，也有利于电力企业制定合理的发电策略，避免电能的浪费，提高电力系统和资源的使用效率，经济合理。

4.1.3 主要做法

（1）技术标准创新方面

杭州东方茂商业中心在中央空调系统需求响应信息模型、运行调控策略生成方法、参与需求响应业务的效果评价方法方面实现了创新。中央空调系统参与需求响应时，既能够自动分析需求响应主站发来的事件或价格信息，也能够根据相关信息直接生成针对空调机组或是机组内部主机、泵、风机等部件的控制命令，减少人工操作，提升中央空调系统执行需求响应业务的效率。

1）提升空调系统与电网互动的自动化水平

需求响应前，中央空调系统为满足电网负荷调节，主要通过人工"开关"设备的操作方式解决：由电力公司将电网的调节需求告知楼宇空调的管理者，管理者到空调系统的配电柜对设备进行关闭操作，待调节需求完成后，再进行开启操作。整个过程既耗费人力资源，又不能保证调节需求的精确性，同时，也对用户的舒适度产生影响。通过将需求响应智能终端部署在中央空调系统侧,提升了中央空调与电网互动的自动化水平。

电力需求侧系统架构内容包括三个环节(图4-3):

①需求响应终端以4G专网通信方式与需求侧实时管理系统平台进行数据交互。

②负荷采集模块与需求响应智能终端RS485通信方式备用,最终将空调系统主机设备的运行负荷情况上传至需求响应智能终端。

③运行状态采集与分析模块、运行控制模块,将BA空调控制系统接入需求响应终端,采集、显示BA空调控制系统运行状态并进行柔性调节。

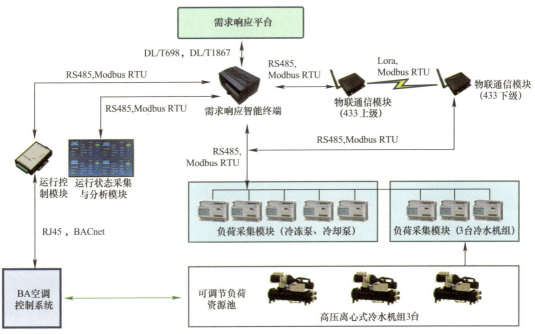

图4-3 系统架构图

2)需求响应自动执行策略

建立适用于所有品牌空调系统与上级需求响应主站交互的信息模型,为中央空调系统聚合成大规模需求响应资源提供技术手段。考虑到需求响应主站将需求响应事件发送至需求响应终端时,终端应具备事件的分析能力,并能精准识别和分析所接收的负荷需求、电价等信息,提出需求响应自动执行策略,并且支持远程更新,实现中央空调系统的自动需求响应。

电力需求侧需求响应流程包括三个环节(图4-4):

①需求响应终端持续监测空调系统运行状态及负荷数据,实时测算需求响应能力并上报浙江省电力需求侧实时管理系统平台。

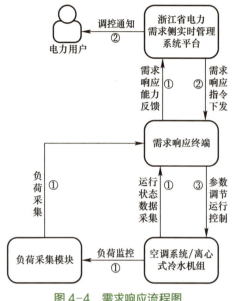

图 4-4 需求响应流程图

② 在电网启动需求响应时，平台根据上报的需求响应能力，智能分配负荷调控指标，通过需求响应终端下发需求响应事件，同时短信通知电力用户。

③ 需求响应终端依据空调系统运行状态以及负荷数据，根据智能算法对空调机组的若干运行参数进行调节，并依据监测数据修正调节参数，使空调系统部分关闭或进入一个稳定的较低能耗运行状态，在满足响应要求的同时保持制冷效果。

具体负荷调节控制策略：

冷水机组通过压缩机吸入蒸发制冷后的低温低压制冷剂气体，并将其压缩成高温高压气体送至冷凝器；高温高压气体经冷凝器冷却后使气体冷凝变为常温高压液体；当常温高压液体流入热力膨胀阀后，节流成低温低压的湿蒸气，流入壳管蒸发器，吸收蒸发器内的冷冻水的热量使水温下降；蒸发后的制冷剂再吸回到压缩机中，重复下一个制冷循环，从而实现制冷目的。

冷水机组耗电设备主要为压缩机，调节负荷的方法有两种，一种是提高冷冻水出水温度相应提高蒸发温度，由此减小压缩机的压缩比，进而减小压缩机耗电。通常情况下，提高出水温度1℃，可以降低机组 3%~5% 的电耗，是机组的节能措施。另一种是通过限制主机电流，如主机电流从 70% 降到 40%，可降低 30% 的输入功率，这种方法响应较快。以上两种方法，前者对人体舒适度影响较小；后者的调节时间不宜过长，否则对人体舒适度影响较大。

根据用户空调系统运行特点、空调开机策略、机组运行的约束条件、用户日常使用条件等，结合需求响应机制，采用输入电流百分比的响应参与，提出空调系统调节策略。在需求响应事件发生后，需求响应终端应根据当前监测到的空调设备运行状态，以及需求响应事件中削减负荷指标和时间要求，自动选择图 4-4 中的策略，执行相关空调控制。最大需求响应能力分析，根据用户空调系统开机策略中规定的最大开机数，对用户的最大需求响应能力进行分析，具体见表 4-2。该建设点在高温天气下参与需求响应的最大可调节容量为 422kW，调节过程耗时最长不超过 10min，响应可持续时长不小于 30min。

最大需求响应能力分析　　　　　　　　　　　　　表 4-2

设备情况			调节措施			需求响应能力			
设备类型	额定功率（kW）	负载率	调节策略	削减比例	调节设备与通信接口	资源编号	可调节/削减容量（kW）	调节过程耗时（分钟）	响应可持续时长（分钟）
离心式冷水机组	844	70%	限定主机最大电流为45%	25%	运行控制模块/RS485	1	211	10	30～60
离心式冷水机组	844	70%	限定主机最大电流为45%	25%	运行控制模块/RS485	2	211	10	30～60
离心式冷水机组	844	0	—	—	运行控制模块/RS485	3	—	—	—
最大可调节（削减）容量							422kW		

注：相对于主机额定功率，削减比例为25%。

（2）市场机制创新方面

为了更好地完成浙江省年度电力需求侧管理目标责任考核任务规定的节约电力指标，对电力用户可调节灵活资源进行深入挖掘，同时，基于激励的需求响应补贴形式，引导电力用户主动配合电网平衡调节，提升电网负荷率、降低峰谷差率。

激励机制创新。需求响应的实施需要构建基于激励的补偿机制，通过制定合理的激励措施鼓励电力用户主动参与需求响应。需求响应针对电力用户的激励机制主要从电价展开，例如尖峰电价、实时电价以及峰时段响应的电价回扣等，并辅以合理的补贴激励。激励机制可以有效激发需求响应各参与方的动力，深入挖掘需求侧灵活资源的潜力。

"源网荷储"模式创新。近年来，需求侧参与电网调峰、调频的作用逐渐凸显，电网运行模式从传统的"源随荷动"向"荷随源动、源网互动"转变，电力需求响应是促进"源网荷储"友好互动的重要手段。构建以新能源为主体的新型电力系统，必须实现需求侧大规模灵活资源的精准普查、泛在感知、实时互动，大量由分布式能量采集装置、储存装置和各种类型负载构成的能源实现互联，进一步建成能量对等交换与共享网络，从而推动"源—网—荷—储"资源信息融通、实时互动及灵活交易，提升电力系统调节能力和运行效率。

（3）商业模式创新方面

需求响应平衡了政府、电力公司、发电企业、售电公司、电力用户等参与方的需求与利益，建立了多方共赢的商业模式。以政府为主导、电网企业为实施主体、负荷聚合商为中介、全社会共同参与的需求响应模式，体现了电力用户和电网之间的双向选择，是需求侧管理工作的一次重大突破和实践探索。

4.1.4 特点介绍

杭州东方茂商业中心针对中央空调系统参与电网运行调节应用场景，通过安装面向中央空调系统的需求响应智能终端等设备，解决多品牌、多通信协议的中央空调系统统一接入需求响应系统难的问题，自动生成、执行响应策略，并对策略的执行效果进行评估，从而实现中央空调系统与电网的自动化双向交互，为中央空调系统参与自动需求响应业务提供技术支撑，促进电力系统经济高效运行，实现在不牺牲舒适度的前提下减少中央空调系统用户的电费支出。杭州东方茂商业中心在中央空调系统需求响应信息模型、运行调控策略生成方法、参与需求响应业务的效果评价方法方面实现了技术创新；针对传统电力系统运行模式，在商业模式、激励机制方面实现了突破和创新，促进了电力系统运行方式从"源随荷动"向"荷随源动、源网互动"转变。

4.1.5 推广建议

需求响应在建筑领域用户侧的作用愈加突出，通过用户侧负荷资源的多场景规模化响应和精细化落实，可以有效缓解电网调峰压力，提升电网安全运行水平，避免了传统有序用电方式下拉闸限电，保障了用户用电需求，提高了供电服务质量。推动建筑物需求响应能力评估、暖通空调系统需求响应互动接口建设，从建设源头上解决楼宇重点耗能系统互动接口和连接问题。

4.2 电力需求侧响应——漕河泾现代服务业集聚区

漕河泾现代服务业集聚区充分开发利用地下空间，对区域内大约45万 m² 建筑面积的楼宇实施集中供冷与供热。区域能源中心采用了冰蓄冷区域供冷系统和集中燃气锅炉房等节能技术。其中冰蓄冷区域供冷系统相比常规分散式供冷系统每年节省运行费用约27.9%，增量回收期为5.9年，年减排二氧化碳5612.71t。

4.2.1 案例概况

漕河泾现代服务业集聚区（简称"集聚区"）位于上海市，毗邻虹桥经济技术开发区和城市副中心——徐家汇，周边规划建设有地铁和中环线，具有优越的地理条件。集聚区位于漕河泾开发区的中心位置，整个基地范围东起虹梅南路，西至古美路，南起漕宝路，北至田林路，占地面积193980m²，主要分为总部园区、SOHO办公区、科研区、商贸区等（图4-5）。

图 4-5 漕河泾现代服务业集聚区外景图

集聚区充分考虑园区地下空间的开发利用，设置区域能源中心对园区楼宇实施集中供冷，通过地下管网向区域内各建筑物提供空调冷热水，以保证各不同用户的用冷、用热需求，可均衡多个建筑的负荷差异，实现削峰填谷。同时，区域能源中心采用大型高效制冷机组，降低设备总容量和台数，节省设备投资。

集聚区使用冰蓄冷系统，转移制冷设备的运行时间，减少制冷机组白天启动时间，减少城市热岛效应；冰蓄冷区域供冷系统所负担的各建筑物不用装设制冷机和冷却塔，可有效减少噪音、振动、热卷流和废热污染。

4.2.2 实施效果

（1）节能降碳效果

区域能源中心冰蓄冷区域供冷系统相比常规分散式供冷系统每年可减排二氧化碳5612.71t。

1）全年系统运行节约的用电量

由于采用了冰蓄冷区域供冷系统，较之常规分散供冷系统减少了设备的装机容量，在负荷匹配良好的条件下，根据测算，通过全年的优化运行，区域供冷系统全年耗电量2448.9万kW·h，较之常规分散式供冷系统节省161.8万kW·h，每年可节约标准煤465.98t，每年减排二氧化碳1274.98t。

2）对电力生产和供应的节能效益

冰蓄冷区域供冷系统的削峰填谷作用将对电力供应和生产带来显著效益并节约能源，具体表现在：削峰填谷使电网供电平衡，可降低输、配电损失5%～15%；充分利用削峰电力，可使发电的热值效率提高约25%；稳定用电，改善功率因数，可节电约1%～2%。据此测算，集聚区每年转移高峰用电550.6万kW·h，每年可节约标准煤1585.73t，每年减排二氧化碳4337.73t。

（2）经济与社会效益

区域能源中心冰蓄冷区域供冷系统的投资回收期等于初投资增加值除以两种系统方式年运行费用差值。计算得出，相比常规分散式供冷系统每年节省运行费用约27.9%，冰蓄冷区域供冷系统投资回收期为5.9年。经济效益分析见表4-3。

经济效益分析　　　　表4-3

	冰蓄冷区域供冷系统	常规分散式供冷系统	差值
初投资（万元）	17251.00	12506.01	4744.99
年运行费用（万元）	2069.43	2871.19	-801.76
相对常规分散式供冷系统回收期（年）	5.9		

年度费用＝初投资×等额分付资本回收系统＋年运行费用，用于各方案在初投资和运行费用不同时进行比较。将初投资按时间价值分散到各使用年限中，其中年度费用最

小者为优选方案。假设资金贴现率为10%，残值为0，计算得出冰蓄冷区域供冷系统年度费用低于常规分散式供冷系统（表4-4）。

冰蓄冷区域供冷系统与常规分散式供冷系统年度费用对比表　　表4-4

	冰蓄冷区域供冷系统			常规分散式供冷系统		
使用寿命（年）	15	20	25	15	20	25
资金贴现率	0.10	0.10	0.10	0.10	0.10	0.10
$(1+i)^n$	4.18	6.73	10.83	4.18	6.73	10.83
等额分付资本回收系数	0.13	0.12	0.11	0.13	0.12	0.11
初投资（万元）	17251.00	17251.00	17251.00	12506.00	12506.00	12506.00
年运行费用（万元）	2069.43	2069.43	2069.43	2871.19	2871.19	2871.19
年度费用（万元）	4312.06	4139.55	3967.04	4496.97	4371.91	4246.85

根据设备初投资和年度运行费用计算寿命期内单位供冷负荷的费用指标，计算过程未考虑部分入住情况，并假设寿命期内电价不变。税金按营业收入的5.5%计。计算结果见表4-5、表4-6。

冰蓄冷区域供冷系统平均单位供冷负荷费用　　表4-5

使用寿命（年）	25	20	15
资金贴现率	0.10	0.10	0.10
$(1+i)^n$	10.83	6.73	4.18
全年提供负荷（kW·h）	76093676	76093676	76093676
税金（万元）	223.19	230.43	244.35
年度费用（万元）	3967.04	4139.55	4312.06
单价[元/(kW·h)]	0.52	0.54	0.57

常规分散式供冷系统平均单位供冷负荷费用　　表4-6

使用寿命（年）	25	20	15
资金贴现率	0.10	0.10	0.10
$(1+i)^n$	10.83	6.73	4.18
全年提供负荷（kW·h）	76093676	76093676	76093676
税金（万元）	233.69	238.71	248.35
年度费用（万元）	4246.85	4371.91	4496.97
单价[元/(kW·h)]	0.56	0.57	0.59

区域能源中心冰蓄冷区域供冷系统总蓄冰量40000RTh，每年转移高峰用电量约

550.6万kW·h，减少高峰电力容量5791kW，不计电厂运转费用的增加，仅考虑火力发电厂6000元/kW的建设投资，为此节约投资3475万元。

冰蓄冷区域供冷系统最大的优点是削峰填谷，平衡电网负荷。其削峰填谷产生的社会效益可通过高峰用电量转移率来考查，即冰蓄冷区域供冷系统和常规分散式供冷系统在8:00～10:00、13:00～14:00、18:00～20:00全天共8个峰值小时段的系统运行及用电量（表4-7）。经计算得出，相对常规分散式供冷系统，采用冰蓄冷区域供冷系统高峰用电转移量约550.6万kW·h，转移率47.9%。

高峰用电量负荷转移率计算表　　　　　表4-7

	冰蓄冷区域供冷系统峰值用电量（kW·h）			常规分散式供冷系统峰值用电量（kW·h）		
	5/10月	6/9月	7/8月	5/10月	6/9月	7/8月
8:00	330	1919.6	7683.4	1692.1	4003.8	9950.3
9:00	330	1919.6	9753	3646.3	6308	15189.3
10:00	330	3509.2	10988	3646.3	7646.1	16162.9
13:00	630	3509.2	10988	4003.8	9242.8	15189.3
14:00	630	3509.2	10988	4980.9	9592.8	16779
18:00	330	2219.6	7683.4	3646.3	7646.1	9950.3
19:00	330	1919.6	7683.4	2669.2	7646.1	9950.3
20:00	330	1919.6	7683.4	2669.2	6308	8623.2
合计	3240	20425.6	73450.6	26954.1	58393.7	101794.6
两月天数	62	60	62	62	60	62
两月累计（kW·h）	200880	1225536	4553937.2	1671154.2	3503622	6311265.2
两种方案总高峰用电量（kW·h）	5980353.2			11486041.4		
冰蓄冷区域供冷系统节约高峰用电量（kW·h）	5505688.2					
高峰用电量负荷转移率（%）	47.9					

4.2.3 主要做法

（1）技术标准创新方面

集聚区的规划设计充分利用地形地貌特点，突破现有一般城市的固有模式，努力创造适合于漕河泾开发区特定环境条件下的新模式。在借鉴欧美、日本等国家的设计理念的基础上，结合会议中心地下空间的开发利用，设置区域能源中心，并采用冰蓄冷技术，对大约 45 万 m² 空调面积的楼宇实施集中供冷，充分体现节能减碳、统一规划的开发理念。

区域能源中心采用冰蓄冷区域供冷系统和集中燃气锅炉房等节能技术，在区域内做到了能源供应的低碳环保。冰蓄冷区域供冷系统制冷采用钢盘管外融冰蓄冷系统，设计蓄冰冷量为 40000RTh。主机与蓄冰槽串联，提供 1.5℃/12.5℃ 的一次空调冷冻水。冷水机组采用 2 台 2813kW 制冷量的基载主机离心式冷水机组和 4 台 5627kW 制冷量的双工况乙二醇离心式冷水机组（图 4-6）。

图 4-6　区域能源中心冰蓄冷区域供冷系统

区域能源中心通过敷设在地下空间的冷/热管网（4 管制）向区域内各建筑物全年提供空调冷热水，不仅以保证不同用户的用冷、用热需求，也可以均衡多个建筑的负荷差异，实现削峰填谷。日常运行充分利用峰谷电差价，尽量降低能源消耗成本。通常 22:00 至次日 06:00 开启双工况乙二醇离心式冷水机组进行制冰，白天由冰池往末端换热站提供冷量（表 4-8、图 4-7）。

输配系统包括 4 台双工况乙二醇泵、4 台双工况主机冷却泵、4 台融冰泵、2 台基载主机冷冻泵和 2 台基载主机冷却泵（图 4-8）。

制冷机组参数　　　　　　　　　　　　　　　　表 4-8

名　称	台数	额定制冷量（kW）	额定功率（kW）	COP
双工况乙二醇离心式冷水机组	4	5627	1134	4.96
基载主机离心式冷水机组	2	2813	484	5.81

图 4-7　区域能源中心制冷机组

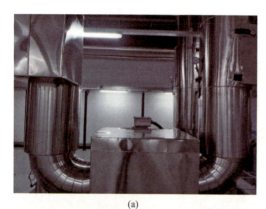

(a)　　　　　　　　　　　　　　　　　　(b)

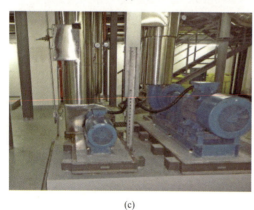
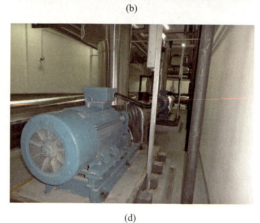

(c)　　　　　　　　　　　　　　　　　　(d)

图 4-8　区域能源中心各级水泵

（a）双工况乙二醇泵；（b）双工况主机冷却泵；（c）基载主机冷冻泵及冷却泵；（d）融冰泵

区域能源中心整个冰蓄冷区域供冷系统可按 4 种基本工作模式运行，包括：（1）双工况主机制冰模式；（2）双工况主机供冷模式；（3）双工况主机兼蓄冰槽联合供冷模式；（4）蓄冰槽单供冷模式。基载主机供冷模式则可以和以上各工作模式联合供冷或单独供冷。

（2）管理机制创新方面

区域能源中心采用的冰蓄冷区域供冷系统在充分考虑峰谷电特点的基础上，通过控制制冷主机、蓄冰装置、热交换器、水泵、冷却塔、系统管路调节阀等调整制冷与蓄融冰的运行模式，以高效、经济、低碳的方式给末端供能。

4.2.4 特点介绍

集聚区采用的区域能源中心供冷模式是指一个或几个集中冷站向商业区、居住区或生产工业区等提供冷量，用于建筑群的空调。与常规分散式供冷系统相比，冰蓄冷区域供冷系统具有节能、环境效益好、系统效率高等优点，同时，该系统可以充分利用电网低谷时段的丰富电力，减轻电网峰值负荷，有效提高空调制冷系统整体能效，降低整体投资及建筑造价，改善室内空气品质和热舒适度，具有较高的经济性。

区域能源中心冰蓄冷区域供冷系统相比常规分散式供冷系统每年节省运行费用约27.9%，增量回收期仅为5.9年，主要技术优势体现在：一是高效机组的配置与运行，采用区域能源中心集中供冷方案，可确保制冷机组的单机大容量选配，其机组能效相对于分散供冷方案的中小型制冷机组高。同时，集中供冷可有效保证机组处于能效较高的负载率运行。二是峰谷电价的有效利用，区域能源中心的冰蓄冷技术可充分利用峰谷电差价机制，夜间制冰蓄冷、日间融冰供冷，可进一步降低电力消费成本。

4.2.5 推广建议

蓄能系统的经济性在很大程度上受到峰谷电价政策的制约，峰谷电价之比在3倍以上时，蓄能系统经济性较好。建筑群体区域供冷半径需要合理规划，太小不足以体现区域供冷系统的规模效应，太大则使系统初投资和运行费用大幅攀升，系统水力难以平衡，最适宜的供冷半径为1~2km。此外，必须有一定的负荷密度才能达到经济合理的要求。每米管道供冷负荷密度在14kW以上时，区域供冷才能体现优势。如果集中供冷项目供冷量低，则区域能源中心运行时间短、会导致效率降低、运行费高。供冷期在六个月或以上时，经济效益相对较好。

区域能源中心的建设与用户侧负荷的发展需要一致，区域供冷初投资大，提高投资效率是发展的先决条件，当制冷中心设备建设的计划与用户侧房屋建设速度不一致时，制冷设备可能闲置，折旧费和税金等将成为沉重负担。

4.3 绿色金融——上海市嘉定区公共机构集中统一合同能源管理

上海市嘉定区公共机构在合同能源管理项目中融入绿色金融体系，解决了绿色信贷资金供需匹配难题，实现了政府、市场、资本三方互利共赢。应用合同能源贷、固定资产贷两类授信模式，政府增信，由金融机构以相对宽松的担保方式、最优惠的利率条件和较长的授信期限提供信贷支持，印发《嘉定区集中统一组织合同能源管理三年行动计划》。成功实施26个合同能源管理项目，每年可节约标准煤699t，每年可减排二氧化碳1027t。

4.3.1 案例概况

嘉定区位于上海市辖区西北郊，总面积463.6km^2。全区共有公共机构411家，用能人数15.88万，2020年全年综合能源消费量为16720tce（煤当量）。嘉定区公共机构承担社会管理职能，提供社会公共服务，是政府面向公众的窗口，在碳达峰碳中和行动中起到表率作用。嘉定区机关事务管理局高度重视公共机构低碳发展，近年来深入贯彻国家机关事务管理局《关于开展县（区）集中统一组织合同能源管理项目试点的通知》（国管节能〔2018〕279号）等文件精神，分两批推动26个合同能源管理项目落地，总建筑面积达46.78万m^2。嘉定区公共机构能源管理信息平台如图4-9所示。

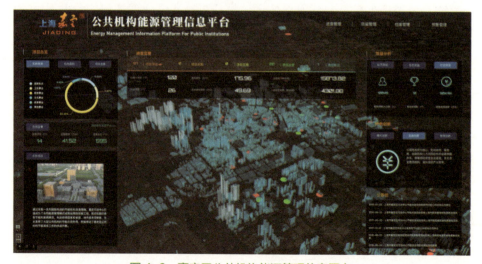

图4-9 嘉定区公共机构能源管理信息平台

4.3.2 实施效果

（1）节能降碳效果

嘉定区26个合同能源管理项目聚焦于不同类型的公共机构实施主体，包括国家机关10家、医院6家、学校7家、文体场馆3家。按照合同约定，26个项目分两批开展，能源基准总计为8015t标准煤。两批开展分为5个项目执行，5个项目节能率分别为8.3%、7.39%、9.24%、14.2%和8.59%，年节能量共计699t标准煤，综合节能率为8.72%。根据《建筑碳排放计算标准》GB/T 51366—2019，预计年减排二氧化碳1027t，在8~9年运营期内累计可减排二氧化碳8119t左右，有效提升了公共机构能效水平，践行了能源资源节约和生态环境保护理念，助力了节能降碳工作深入落实。

（2）经济与社会效益

嘉定区通过融合绿色金融体系，开展用能系统能效提升和节能降碳改造，预计每年可节约能源费用210万元，在8~9年运营期内累计可节约能源费用1700万元左右。在研究如何提升公共机构合同能源管理项目资金使用的合理性、有效性，并通过政府监管引导、跟踪协调保障项目资金支出渠道，优化资金使用结构，提升项目产出效率，为节能环保产业提供发展空间等方面也形成了一定成果，可供同类或相近类型公共机构参考。

嘉定区推动两批26家主体单位实施节能技术改造，共同打造"嘉定模式"，总结提炼形成了"项目实施新模式、绿色金融新体系、智慧管控新措施"的特色亮点。

4.3.3 主要做法

（1）市场机制创新内容

1）分类分批、打包实施

采用"分类分批、打包实施"的方式实施了26个合同能源管理项目，具体包括LED灯具替换、中央空调机房群控、分体空调末端集中控制、智能照明控制、生活热水定时控制、能耗监测平台搭建等用能系统改造，年节能量总计约699t标准煤。

第一批试点项目共16家单位，总建筑面积35.41万 m^2，能源基准总计4824t标准煤，改造内容为LED灯具更新、分体空调末端集中控制、智能照明控制、生活热水定时控制、能耗监测平台搭建。项目采用节能效益分享型和节能量保证型合同能源管理模式，已于2020年11月完成竣工验收。第二批试点项目共10家单位，总建筑面积11.37万 m^2，能源基准总计3191t标准煤，改造内容为高效光源替换、中央空调机房群控系统、分体空调末端集中控制、智能照明控制、能耗监测平台搭建。项目采用节能效益分享型和节能量保证型合同能源管理模式。项目实施现场及改造后效果如图4-10所示。

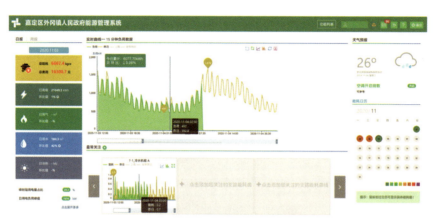

图4-10 项目实施现场及改造后效果

2）制定规划，整合绿色金融体系与合同能源管理模式

嘉定区公共机构节能工作联席会议办公室印发《嘉定区集中统一组织合同能源管理三年行动计划》，确保试点推进有章可循、有规可依。嘉定区机关事务管理局牵头组建工作专班，分批有序推动项目落地，陆续组织近10场推进会议，通过政策解读、案例分享、专题培训等形式加强各方沟通对接、商讨思路，集聚推进合力；规范流程环节，形成了适用于嘉定区集中统一组织合同能源管理项目的推进流程、适宜技术及一整套文件模板，涵盖前期评估、项目申报、专家评审、采购申报、政府采购、项目实施、运营管理、节能量认定、费用支付、项目移交10项主要流程，为项目落地提供了操作遵循；注重探索创新，围绕绿色金融新体系、智慧管控新措施、合同能源新模式、后勤管理新发展摸索建立各项体系机制，为引入金融机构参与城乡建设领域低碳发展积累了可参考的经验。

通过摸清投资融资瓶颈、搭建银企沟通桥梁，使绿色金融体系与合同能源管理模式得到有效整合。主要做法包括：

政府节能主管部门及节能服务公司努力消除金融机构将资金投向绿色领域的顾虑，通过加快推进统一的社会信用信息共享平台，加大绿色金融人才培养、绿色技术及其评价的研究，以及政府、金融机构、企业之间绿色信息数据共享网络建设等手段，缓解信息不对称状况、增强金融机构风险把控能力，帮助金融机构提升对绿色产业、项目的了解程度及发展前景的研判能力，对客户资信状况等方面的掌握程度。

针对合同能源管理项目融资项目，金融机构需在金融服务方式、手段等方面进行创新，包括改变传统的抵押、担保要求，积极拓展绿色信贷抵押物范围，探索和推广无形资产抵质押方式，在风险可控的前提下推广信用贷款方式；针对节能服务公司经营及资金周转特点，确定授信额度和还款期限，避免期限错配。

3）嘉定区机关事务管理局发挥指导协调

嘉定区机关事务管理局会同节能服务公司和金融机构，搭建沟通桥梁，推动绿色信贷资金引流，集中统一组织合同能源管理试点项目，有效降低节能服务公司的融资成本，从而提升政府财政资金使用效能。

政府引导，保障体系建设规范化。主动对接上海银行嘉定支行、上海农商银行嘉定支行等金融机构，明确绿色信贷授信模式、申请条件和项目案例，签订《嘉定区合同能源管理银政合作协议》并达成合作意向，由嘉定区机关事务管理局负责提供合同能源管理项目关键信息（技术方案、能源基准及费用、节能效益、实施模式、合同期限等），以及协调项目计划的业务合作、融资需求和配套支持；由金融机构提供产品需求优先满足、融资申请优先审批、放款规模和时间优先安排、贷款利率优惠等差异化的信贷服务，打通了银企双方的对接门槛（图 4-11）。

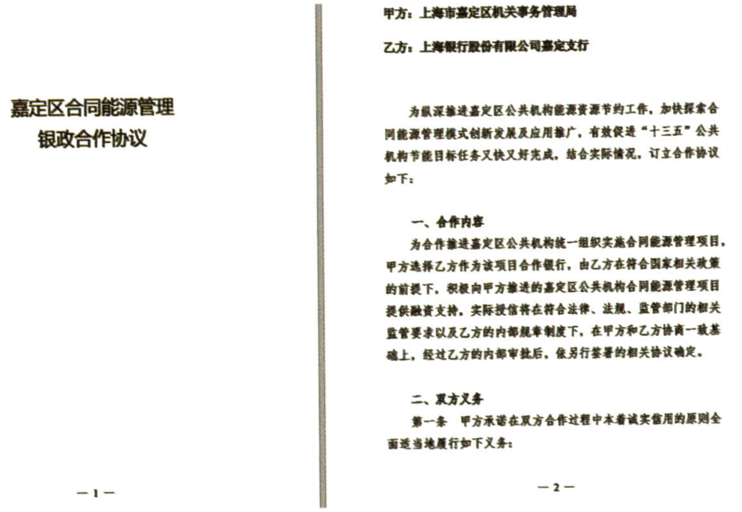

嘉定区合同能源管理
银政合作协议

—1—

甲方：上海市嘉定区机关事务管理局

乙方：上海银行股份有限公司嘉定支行

为纵深推进嘉定区公共机构能源资源节约工作，加快探索合同能源管理模式创新发展及应用推广，有效促进“十三五”公共机构节能目标任务又快又好完成，结合实际情况，订立合作协议如下：

一、合作内容

为合作推进嘉定区公共机构统一组织实施合同能源管理项目，甲方选择乙方作为该项目合作银行，由乙方在符合国家相关政策的前提下，积极向甲方推进的嘉定区公共机构合同能源管理项目提供融资支持，实际授信将在符合法律、法规、监管部门的相关监管要求以及乙方的内部规章制度下，在甲方和乙方协商一致基础上，经过乙方的内部审批后，依另行签署的相关协议确定。

二、双方义务

第一条　甲方承诺在双方合作过程中本着诚实信用的原则全面适当地履行如下义务：

—2—

图 4-11 《嘉定区合同能源管理银政合作协议》

项目拉动，增强体系建设主动性。结合两批 26 个试点项目推进，由嘉定区机关事务管理局组织主管部门、用能单位、节能服务公司、金融机构多方合作，将绿色金融体系内化为各方的利益诉求与共同需要。基于《嘉定区合同能源管理银政合作协议》达成的意向，签订《嘉定区集中统一合同能源管理银企合作协议》（图 4-12），进一步明确双方合作内容、职责分工和约束机制，同时，对融资比例、费用结算、权益确认等关键要素进行确认，形成科学的理论框架和精准的对接平台，为体系的成功应用打牢制度基础。

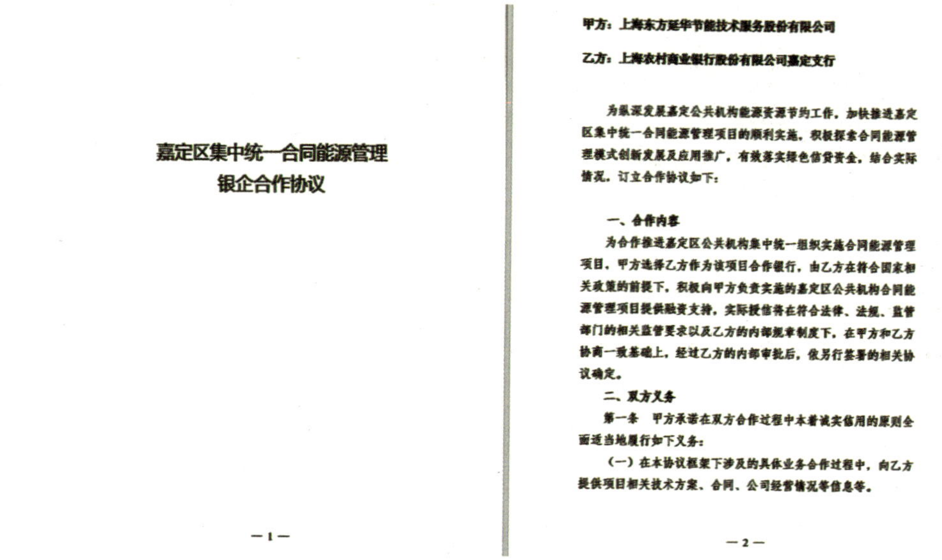

嘉定区集中统一合同能源管理
银企合作协议

— 1 —

甲方：上海东方延华节能技术服务股份有限公司

乙方：上海农村商业银行股份有限公司嘉定支行

为纵深发展嘉定公共机构能源资源节约工作，加快推进嘉定区集中统一合同能源管理项目的顺利实施，积极探索合同能源管理模式创新发展及应用推广，有效落实绿色信贷资金，结合实际情况，订立合作协议如下：

一、合作内容

为合作推进嘉定区公共机构集中统一组织实施合同能源管理项目，甲方选择乙方作为该项目合作银行，由乙方在符合国家相关政策的前提下，积极向甲方负责实施的嘉定区公共机构合同能源管理项目提供融资支持，实际授信将在符合法律、法规、监管部门的相关监管要求以及乙方的内部规章制度下，在甲方和乙方协商一致基础上，经过乙方的内部审批后，依另行签署的相关协议确定。

二、双方义务

第一条　甲方承诺在双方合作过程中本着诚实信用的原则全面适当地履行如下义务：

（一）在本协议框架下涉及的具体业务合作过程中，向乙方提供项目相关技术方案、合同、公司经营情况等信息等。

— 2 —

图 4-12 《嘉定区集中统一合同能源管理银企合作协议》

4）全周期标准化的金融体系创新

全周期标准化的金融体系与合同能源管理模式得到深度融合，强化资金的保障力度与使用效能，金融机构通过提供专项对应的金融产品和专业细分的信贷服务，为各项节能降碳技术措施落地提供资金支持。

一是形成专项对应的金融产品。应用合同能源贷、固定资产贷两类授信模式，以合同能源管理项目的应收账款作为质押，以同期贷款基准利率（4.65%）向节能服务公司提供低成本绿色信贷资金，相比中短期流动资金贷款模式的利率下浮 30% 左右。在招标条款中明确“70% 投资资金成本率不得高于银行同期基准利率”，确保将低资金成本优势充分反馈至项目。企业仅需提供未来收益权（应收账款）质押担保和实际控制人个人无限连带责任保证担保，即可获得最高项目总投资 70%、最长期限 4.5 年的银行资金支持，企业无须再提供房产等其他抵押物，解决企业抵押物不足，资金需求周期长、一次性还款压力大的核心痛点。通过政府为企业、项目增信，削减金融机构承担的信用风险，以相对宽松的担保方式、最优惠的利率条件和较长的授信期限提供信贷支持。针对项目改造期间资金压力大的情况，额外设置还款宽限期，进一步缓解节能服务公司初投资的还款压力，从而更专注于节能技术改造实施方案的精细完善。

二是形成专业细分的信贷服务。积极整合外部资源，带动银政企合作联动，使合同能源管理项目融资在流程、服务、产品、机制等方面取得创新。金融机构积极支持嘉定区公共机构合同能源管理项目，按照其授信政策，优先审批和满足金融产品需求和融资申请,优先安排放款规模及时间,并给予基准贷款利率优惠;在分行和支行设立中小企业专管机构和业务团队,适当降低贷款主体资信条件,简化融资申报材料,充分发挥自身的网络、系统和人员优势,为项目资金的收缴、支付、结算等提供优质、便捷、安全的金融服务,并为项目资金管理提供配套的金融服务,有效提高项目的受理和审批效率,实现个性化、差异化、专业化的金融服务和产品支持。

(2)管理机制创新方面

政策先行,规范流程环节。以响应各级政策要求、带动全区公共机构节能降碳工作开展、助推节能产业生态集聚发展为着眼点,嘉定区公共机构节能工作联席会议办公室印发《嘉定区集中统一组织合同能源管理三年行动计划》(图4-13),明确提出"积极运用大数据、云计算、绿色信贷等创新技术和措施,逐步建立以智慧化管控手段为基础的效益保障体系、以绿色信贷为核心的资金保障体系",为绿色金融体系创新奠定基调。在此基础上,通过银政企三方紧密对接,摸清信息不对称、资金借贷门槛偏高的机制性瓶颈,并通过签订《嘉定区合同能源管理银政合作协议》《嘉定区集中统一合同能源管理银企合作协议》加以解决,顺畅和规范绿色金融体系在合同能源管理项目中的实际应用。

图4-13 《嘉定区集中统一组织合同能源管理三年行动计划》

多方共建,共享体系效益。主管部门通过持续指导跟进,将绿色信贷投资额、节省财政资金支出等指标纳入区级公共机构能源管理信息化平台监管及展示范围;节能服务公司借力于更宽松的授信模式及授信条件缓解资金筹措难题,保障项目高质量落地;金融机构依托全方位、更便捷的绿色信贷服务,扩大金融产品覆盖面和认可度;用能单位在固定资产零投入条件下,更新升级用能设备,降低建筑能耗与碳排放量,获得更专业精细的运维管理服务,提高建筑用能效率和人员的获得感、满意度。

4.3.4 特点介绍

本案例由主管部门发挥指导协调作用,在合同能源管理项目中融入绿色金融体系,突破了节能服务公司融资难、融资贵的瓶颈,消减了金融机构承担的信用风险,解决了绿色信贷资金供需匹配的难题,实现了政府、市场、资本三方互利共赢。基于国家机关事务管理局关于在公共机构领域开展集中统一合同能源管理项目试点的有关要求,聚焦于绿色金融体系创新与融合,引入绿色信贷资金成功实施了 26 个试点项目,每年可达成节能量 699t 标准煤(上海市等价值)、减排二氧化碳 1027t,可节约资金 210 万元,经济社会效益和降碳量明显,有效促进了区域公共机构集群的绿色低碳发展。

4.3.5 推广建议

政策层面:出台集中统一组织合同能源管理行动计划,明确绿色金融落地路径,为提升政府财政性资金使用效能、解决节能服务公司中小企业融资难题提供思路;在项目采购中对服务单位的公司资质、团队、业绩、服务能力进行要求,确保引进的服务单位具备较强的实力和服务能力;部署区级公共机构能源管理信息平台,便于全面、及时对项目实施情况进行监管;由机关事务管理局聘请第三方机构统一对各批次项目年度节能效益进行核算,并制定"首末两次节能量评估"方案和惩罚机制,构建形成相对完善的市场运行机制。

推动市场化合作方面:搭建银企对接沟通平台,拟订银政合作协议,促进金融机构、节能服务公司在执行层面对体制机制、具体措施、职责分配等进一步细化完善,促成绿色金融体系融合;在项目层面,参照不同类型公共机构技术方案及商务模式,制定改造方案确认单、项目申报表、政府采购备案表等文件模板,确保各流程标准化推进,为银企双方预留充分的沟通空间。

技术支撑方面:以能耗统计数据分析结果为基本依据,通过"分批分类、打包实施",将能耗排名靠前或能耗指标超过同类建筑平均水平的用能单位作为改造重点,区分项目大小、能耗高低和难易程度,按照先大后小、先易后难的顺序,分批推进、统一招标、统一签订合同,由效益好的项目带动效益一般的项目,使原本单个不可行的项目变为可行,避免"效益好的项目抢着做,效益一般的项目不愿做"的局面。框定集中统一合同能源管理模式宏观架构,引入绿色金融体系满足节能服务公司的融资需求,银政企三方各负其责,共享项目效益,并由两类市场主体负责具体项目推进实施,主管部门在过程中做好监督指导。

4.4 绿色金融——湖州东升和府装配式住宅

东升和府10号楼是湖州市获得全过程绿色金融示范的绿色装配式住宅建筑，其采用的装配式模式相比传统现浇建筑降碳39%，建立建筑全生命周期智慧管理平台监管建筑施工全过程，平台数据支持湖州银行在项目全生命周期的"绿色建筑+"系列产品金融服务精准匹配，包括银团项目贷、绿色建筑施工供应链融资、"红信贷"信用贷款融资、低碳成长贷融资、更新贷融资、绿色按揭贷款等。项目推进过程形成了金融低成本、便捷服务长效机制，构建事前、事中、事后绿色金融保障绿色建筑的全链条闭环机制。

4.4.1 案例概况

东升和府10号楼是湖州市首个绿色装配式住宅建筑。该项目由大东吴集团建设，位于湖州市湖东分区南片，北靠318国道，西侧为大升路，南侧为谈家扇路，东侧为三环东路。总建筑面积118.9万 m^2，其中地下非机动车库建筑面积为7.8万 m^2。地上共17层，一层层高5.9m，标准层高3m。东升和府10号楼采用装配式的是部分包覆钢—混凝土组合结构体系，长48.6m，宽12.5m，高53.8m（图4-14）。

图4-14 东升和府10号楼

东升和府10楼设计容纳64户，标定使用人数205人（按每户3.2人计算）。项目采用"装配式、绿色建筑、低碳环保"等多项技术手段，以实现节能、降耗、低污染、环保的目标。按照绿色建筑二星级标准设计，以绿色设计、绿色生产、绿色施工等技术手段促使建筑达到减少污染、减少碳排放的目的，在建筑全生命周期中比传统现浇建筑碳排放量减少39%。项目采用装配式建造手段，应用太阳能光伏及空气源热泵等新能源技术，建筑围护结构按照国家节能标准提高10%，减少日常空调、供暖能耗的消耗，降低生活成本。

4.4.2 实施效果

（1）节能降碳效果

以《建筑碳排放计算标准》GB/T 51366—2019、《民用建筑绿色性能计算标准》JGJ/T 449—2018 为计算参考，按照建筑寿命期 50 年进行估算，其碳排放量较传统现浇建筑的碳排放量减少 39%，合计减少碳排放 9095t CO_2，年减排量为 181.88t CO_2。项目绿化面积为 6219m^2（约 9.3 亩），年每亩固碳量为 24.45t，年总固碳量为 227.39t CO_2。年总碳减排量为 409.27t CO_2（表 4-9）。

减排效果（单位：t） 表 4-9

节煤	减排 CO_2	减排 SO_2	减排 NO_X	减排烟尘	减排煤渣
791.2	1780.25	6.73	5.85	158.24	40

按照全国碳市场交易均价 52.78 元 /t 计算，项目年环境效益见表 4-10。

年环境效益 表 4-10

	CO_2（t）	货币化（元）
减排	181.88	9600
生态	227.39	12002
合计	409.27	21602

小注：随着环境治理成本的增加，碳汇交易价格逐年增加，项目环境效益越来越显著。

（2）经济与社会效益

根据第三方节能评估报告，项目建筑能耗比传统现浇建筑减少 20708.96kW·h，具体数据见表 4-11。

能耗分析结果 表 4-11

计算结果	项目建筑（kW·h）	传统现浇建筑（kW·h）	节能（kW·h）
首层公共建筑	26948.12	28068.08	1119.96
二层以上居住建筑	199425	219014	19589
能耗合计	226373.12	247082.08	20708.96

项目屋面设置太阳能光伏系统，屋面装机面积达到150m²，年节约电量18750kW·h。综上核算，项目综合节约能耗为39458.96kW·h，经济效益见表4-12。

经济效益　　　　　　　　　　　　　　　　表4-12

	年节约量（kW·h）	单价（元/kW·h）	节约金额（元）
节能	39458.96	0.6	23675.38

项目降低金融全方位服务财务成本。额度保障，从项目建设到后期运营、上下游供应链、产业链，再到绿色消费按揭贷款，全流程提供资金保障和专项服务；降低融资成本，通过低成本转贷款资金、实施碳效挂钩的利率优惠和批量按揭贷款的优惠制度，为企业降低财务成本；周转效率高，采用供应链线上快捷融资的方式，及"无还本续贷"无缝衔接，为企业节约资金周转时间，周转效率高；担保方式创新，专门创新"红信贷"信用贷款方式，核定企业贷款额度，无需担保抵押，降低企业财务成本。

4.4.3 主要做法

（1）技术标准创新方面

1）自然通风技术。根据项目所在地气候特点，以及周边的自然地理环境，在设计时采用多空间组合式自然通风技术，应用单纯或错位的直通空间、出入口的大堂式空间、拔风塔等设计要素，使用计算机模拟软件对自然通风条件进行量化分析和设计优化，达到充分利用自然通风减少建筑能耗，以及建筑防风的目的。

2）考虑建筑造型的遮阳技术。设计人员充分分析项目所在地不同季节的太阳高度角、方位角，依据不同方位的遮阳需求，采用与建筑外立面造型完美融合的飘窗、阳台、设备平台及倒置式屋面等实现建筑隔热遮阳功能。另外，根据项目需求灵活使用断桥铝合金窗框和中空玻璃的组合，进一步实现隔热遮阳效果。

3）室内自然采光技术。项目通过将主要房间的窗地比控制在1/6，并保证外窗开窗面积不小于30%，辅以小进深和双面开窗的设计要素，结合通风、遮阳等其他方面的技术，与人工光源搭配，综合实现减少传统照明能耗、满足建筑使用者的生理和心理双重需求的目标。

4）多层次的绿化技术。项目充分利用周边景观资源，设置组团绿地、宅边绿地及中心绿地，并与周边滨水景观结合，形成亲水、开放的滨水空间。绿化种植采用乔灌结合、常绿落叶结合的形式，合理搭配乔木、灌木、地被等多层次的植物，形成良好的景观效果。项目绿化率为30%，绿化面积达到6219m²。

5）可再生能源利用技术。考虑到项目所在地有良好的日照资源，因而引入太阳能光伏发电系统，屋面装机面积达到 150m^2，年节约电量 18750kW·h，年理论节煤 6.19 煤当量，产生的电力并网供整栋建筑使用。除此之外，项目采用空气源热泵作为热水水源，住宅内单台装机功率为 0.83kW，制热量 3.1kW，储水容积 150L，可满足住户生活热水的需求。

6）水资源利用技术。项目结合自身实际情况合理设计了雨水收集再利用系统，收集的雨水主要用于项目景观绿化浇灌。

（2）管理机制创新方面

采用数字化协同管理。建立 BIM 设计与生产协同管理平台，实现装配式建筑的 BIM 数字化正向设计，统筹建筑、结构、设备管线、装修等各专业集成协同设计和部品部件参数化、信息化设计，通过 BIM 信息化平台进行虚拟现实和可视化设计。该平台不仅实现了项目各参建方对工厂生产、项目施工的全程管控、追踪、检查，也实现了设计、生产、施工、运维的全生命周期数字信息化管理（图 4-15）。

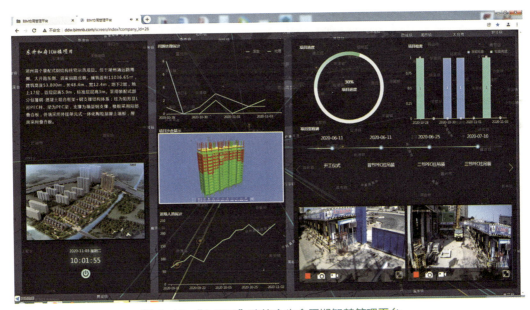

图 4-15 "东吴云"建筑全生命周期智慧管理平台

采用专业技术手段实现全生命周期管理。为实现建筑全生命周期降碳目标，整个建筑产品通过系统、集成、标准化设计消除各专业之间的碰撞，避免返工、浪费。部品部件通过工厂工业化生产，实现高效率、高质量制作。现场通过装配化施工，实现无模板、无支撑、无湿作业的绿色建造。所有材料通过绿色建材认证，提升了建筑产品的绿色价值，最终实现建筑产品全生命周期降碳 39%（图 4-16）。

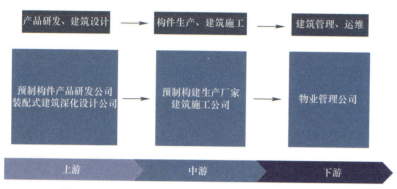

图 4-16　装配式建筑——上下游无缝衔接管控碳排放

全流程风险管理。根据湖州银行创建的信贷客户 ESG 违约率模型，实现对公司和供应链企业的全流程风险管理。运用大数据管理手段，综合企业在环境表现（E）、社会责任（S）、公司治理（G）等方面的客观事实表现，实行企业生产动态监管，前移风险防控端口（图 4-17）。

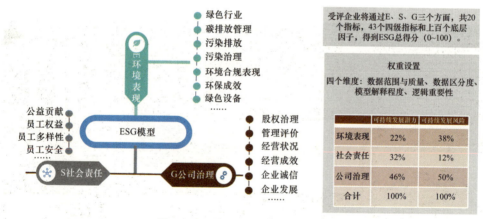

图 4-17　湖州银行 ESG 评价框架

（3）市场机制创新方面

1）银企合作共建机制

基于企业建筑产业化转型的可持续发展潜力以及精细化的流程管理，提高银企信息对称的及时性和精准性，形成银企合作的扎实基础。因此，在银企战略合作基础上，湖州银行结合企业的绿色建筑产业发展提供了全流程一揽子金融服务，从金融创新端发力，提供融资资金支持（图 4-18）。

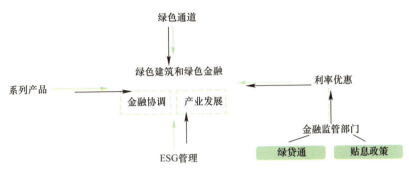

图 4-18 湖州银行金融服务流程图

2）产品创新保障增信

联合银团保障项目基地建设。发挥地方法人银行地缘优势，调动资源，组团扩容，为项目单位建设提供大额项目资金。一是联合商业银行组成紧密型银团，为项目单位的绿色建筑集成产业基地提供全盘融资支持。湖州银行和兴业银行为国内采纳赤道原则的银行，其针对具有项目单位建设的装配式建筑产业基地提供授信 2.45 亿元。二是联合政策性银行，运用转贷款支持项目单位建筑产业化发展。湖州银行作为地方银行与地方龙头企业形成战略合作，信息对称度高。国家开发银行、中国进出口银行、中国农业发展银行等政策性银行，资金成本低，但因为在湖州没有分支机构或者分支机构人员有限等原因，对地方民营企业的对接和尽调能力不够。为此，湖州银行与三家政策性银行形成新型合作模式，政策性银行向湖州银行提供低成本的转贷款，湖州银行运用转贷款资金支持地方民营企业发展，互相补短，扩大对实体民营企业的金融支持，已累计提供流动资金贷款 1.2 亿元。

围绕"绿色建筑施工"的供应链融资。根据绿色建材的采购的品控管理，以及承建的高星级绿色建设施工进程，提供基于采购和应收账款的供应链融资。特点是资金提供效率高，无需抵押等强担保。

根据"碳效"表现的低碳成长贷融资。量化核算公司用能情况，将公司单位产值用能和碳排放情况与融资金额的利率挂钩。按阶段，有不断改善提升用能、节材等量化表现的，下调贷款利率。特点是将提升"碳效"概念引入金融产品，使企业投入的节能改造措施在财务成本端有价值体现。

贷款周转无缝对接的更新贷融资。在企业精细化现金流管理基础上，提升银企对接精准度。改变传统到款到期，需要企业调集资金还款，再周转贷款的模式；在贷款到期前，湖州银行进行尽调后，直接将贷款到期日延后一年。特点是无需企业调集资金进行贷款周转，提高企业资金运用效率，降低资金占用的财务成本。

让利优惠的绿色按揭贷款。对东升和府的装配式住宅、大东吴绿色智造产业园厂房，特批绿色按揭贷款合作额度共计 3 亿元。特点是绿色按揭，利率优惠，额度保障，协助企业快速回笼开发资金。

产业政策优惠利率引导。结合湖州市绿色贷款贴息政策，指导及协助项目单位和供应链企业在湖州市"绿贷通"平台进行绿色企业认定及贷款贴息申报，进一步降低企业融资成本（图 4-19）。

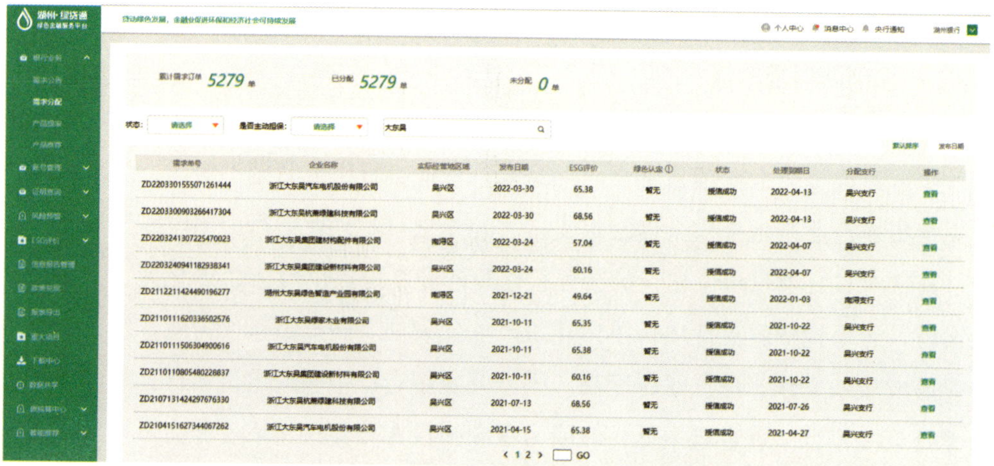

图 4-19 湖州银行服务大东吴"绿贷通"服务

4.4.4 特点介绍

项目采用装配式模式推动建筑品质提升，在新型装配式钢—混凝土组合结构建筑技术体系上进行持续的系统性研发，其装配率达到 94%，达到绿色建筑二星级要求，与传统现浇建筑相比，建筑全生命周期降碳 39%。项目开发建筑全生命周期智慧管理平台，横向覆盖项目管理各个部门，随时进行可视化动态交互与协同；纵横两个维度确保项目数字化交付，实现数字化赋能施工全过程。

绿色金融提前介入，贯穿"绿色建筑从设计、施工、管理"全过程，推动低碳节能理念。推出银团项目贷、绿色建筑施工供应链融资、"红信贷"信用贷款融资、低碳成长贷融资、更新贷融资、绿色按揭贷款等多款绿色建筑信贷产品，打造全流程"绿色建筑+"系列产品，精准匹配项目全流程服务。形成金融低成本、便捷服务长效机制。构建事前、事中、事后绿色金融保障绿色建筑的全链条闭环机制，通过绿色审批通道、ESG全流程智能风险管理等多场景金融服务体系，实施增配专项绿色建筑贷款规模、优惠利率、配套优质服务、简化贷款程序、降低准贷门槛、注重全程监控等方式，保障绿色建筑全生命周期的过程监管与绿色金融协同支持，紧密结合"绿贷通"绿色贷款贴息，有效落实绿色建筑与绿色金融的政策支持。

4.4.5 推广建议

金融与建筑深度结合，打造全流程金融服务方案。将金融的产品服务、流程服务、政策服务全流程融入建筑过程的全生命周期，配套绿色贷款、供应链金融、银团等多种形式，为绿色建筑发展形成长效金融服务机制。

技术可复制，促进建筑行业转型升级。装配式建筑作为建筑产业现代化的标志，以实现节能、环保、安全、全生命周期价值最大化为目的，具备标准化设计、工厂化生产、装配化施工、一体化装修和管理信息化的特征，真正意义上实现部件的工厂化生产定制和房屋的现场装配化施工。

管理模式可复制，全流程监管严控碳排放总量。项目采用的全生命周期管理模式，统一全产业的责任与目标，通过系统、集成、标准化设计等消除各专业之间的碰撞，避免返工、浪费。同时，加强校企联合，强化技术攻关及人才培养，做到从设计到回收各个环节的碳排放控制。